Franse Alpen

Uitgeverij ANWB

Inhoud

3

Het belangrijkste eerst

Naar de bergen
De grootste troef van de Franse Alpen zijn natuurlijk de bergen, in een ver verleden opgestuwd toen de continenten van Europa en Afrika op elkaar botsten. Hier word je welkom geheten door een spectaculair landschap van besneeuwde toppen, snelstromende rivieren, bloemrijke alpenweides en oude boerendorpen.

Met de kabelbaan
Klimmen kan leuk zijn, maar soms wil je liever een vlakke wandeling. Een ideale oplossing is dan om eerst met een kabelbaan of tandradbaan omhoog te gaan en de wandeling te starten bij het bergstation. Ook met (kleine) kinderen is dit een goed én spannend alternatief.

Stoere mannen
De Mont Blanc (4808 m) vormt het dak van de Alpen. Tegelijk is het een van de meest beklommen bergen: jaarlijks proberen tot 20.000 klimmers de top te bereiken. De eersten die daarin slaagden waren twee inwoners van Chamonix in 1786. Een grote muurschildering in het dorp herinnert aan de dappere klimmers uit de beginperiode.

Vestingen en kastelen
Hertogen en graven lieten in de middeleeuwen kastelen bouwen om vijanden buiten de deur te houden en om tol te heffen. In de 17e eeuw volgde een tweede bouwgolf. Toen was het koning Lodewijk XIV die de architect Vauban opdracht gaf een verdedigingslinie aan te leggen tegen de machtige hertogen van Savoie.

Tour de France
Alpe d'Huez, Galibier, Madeleine – voor velen zijn het bekende namen. En dat vooral dankzij de Tour de France, die elke zomer weer verschillende alpencols aandoet. Bekijk van tevoren het rittenschema goed of het peloton misschien in de buurt is. Of stap zelf op de fiets en probeer je eigen klimtijd te verbeteren.

Wintersport

Zodra aan het begin van de winter de eerste sneeuw valt, ontwaken de Franse wintersportoorden. De skigebieden zijn sneeuwzeker, uitgestrekt en (relatief) betaalbaar. Soms moet je genoegen nemen met een betonnen appartementencomplex, maar met wat zoeken zijn ook in de Franse Alpen volop sfeervolle chalets te vinden. En de après-ski? Het is inderdaad een Frans woord, maar het uitgaansaanbod kan per plaats erg verschillen. Let dus goed op welke bestemming je kiest!

Smeltende gletsjers

Ze zijn er nog steeds: gletsjers op de hogere berghellingen. Denk bijvoorbeeld aan de Glacier de la Meije bij La Grave, de Mer de Glace bij Chamonix en de Glacier Blanc en Glacier Noir ten oosten van Briançon. Maar de meeste gletsjers worden elke zomer kleiner, dunner, korter. En dat smeltproces zal de komende jaren alleen maar doorgaan.

Steenbok en alpenmarmot

Boven alles is de natuur de belangrijkste reden om naar de Franse Alpen af te reizen. De mooiste bergen, dalen en alpenweides worden beschermd als nationaal park of natuurreservaat. Hier kun je als wandelaar zomaar een alpenmarmot, gems, steenbok of steenarend tegenkomen. Verrekijker meenemen dus!

Dwars door de Alpen

Met de auto langs de hoogste bergpassen? De Route des Grandes Alpes brengt je van Thonon-les-Bains aan het Meer van Genève naar Menton aan de Middellandse Zee. De route ging in 1913 open en was toen de belangrijkste doorgang door de Alpen. Nu zijn het vooral toeristen die met de auto, de motor of zelfs de fiets deze bergroute volgen.

Vragen? Ideeën?

De inhoud van deze gids blijft een persoonlijke keuze van de auteurs. En misschien zijn we wel iets belangrijks vergeten. Of heb je tips om de gids nog beter te maken. Is dat het geval, laat het ons dan weten! Dat kan via het adres:

anwbmedia@anwb.nl

Dit zijn de Franse Alpen

De Franse Alpen hebben iets magisch. Zodra de eerste bergen aan de horizon opdoemen, stap je een totaal andere wereld binnen. Geen vlakke polders meer, maar eindeloze rijen bergen, reikend naar de hemel. In de winter gaat dit landschap schuil onder een dikke laag sneeuw, in de zomer zijn alleen de hoogste toppen bedekt met een toefje wit. De allerhoogste berg is meteen ook de beroemdste: de ruim 4808 meter hoge Mont Blanc.

Uitgestrekte skipistes

De meeste bezoekers kennen de Franse Alpen alleen in de winterse variant. Het wintersportseizoen begint half december en loopt door tot in april. Hogergelegen plaatsen als Val Thorens en Val d'Isère doen daar nog een paar weken bij. De grootste troeven zijn de sneeuwzekerheid en de omvang van de skigebieden, waardoor je kunt kiezen uit een groot aantal pistes. Les Trois Vallées en Les Portes du Soleil behoren zelfs tot de grootste skigebieden van de wereld. Daarnaast zijn de Franse wintersportplaatsen vaak net wat betaalbaarder dan de concurrenten in andere alpenlanden. In ruil moet je soms wel genoegen nemen met een betonnen appartementencomplex, maar met wat zoeken zijn ook in Frankrijk volop sfeervolle wintersportbestemmingen te vinden. Zo kun je in Les Gets, La Clusaz, Val d'Isère, Châtel en Le Grand Bornand eindeloze pistes combineren met accommodaties die charme en authenticiteit uitstralen.

Beschermde natuur

Ook in de zomer draaien de kabelbanen en stoeltjesliften op volle toeren, maar dan om bergwandelaars, klimmers, mountainbikers, parapenters en andere actieve sporters naar boven te brengen. De mooiste gebieden worden beschermd als nationaal park of natuurreservaat *(réserve naturelle)*. Hier heeft de natuur voorrang en worden economische activiteiten – zoals skipistes – tot een minimum beperkt. Het Parc National de Écrins ligt aan de zuidkant van de Franse Alpen en nodigt uit tot alpinisme, rotsklimmen en wandelen: de GR54 loopt er dwars doorheen. Ten noordoosten hiervan sluit het Parc National de la Vanoise aan op de bergnatuur van het Italiaanse nationale park Gran Paradiso. Hier vind je wandel- en klimroutes voor alle niveaus. In de regionale natuurparken *(parc naturel régional)* worden zowel de natuur als het culturele erfgoed beschermd, maar wordt ook de economie niet vergeten. Het Parc Naturel Régional du Vercors ligt in het zuidwesten van de Franse Alpen en beschikt in het hart over een van de leegste wandelgebieden van het land. Niet ver hiervandaan vind je het Parc Naturel Régional du Queyras en het Parc Naturel Régional de Chartreuse.

Gletsjers, ijsgrotten en diepe kloven

Natuurlijk kom je naar de Alpen voor de bergen, maar de natuur heeft nog veel meer verrassingen in petto. Voor het spotten van steenbokken, gemzen en alpenmarmotten heb je alleen wat geluk en soms een portie geduld nodig. Plantenliefhebbers kunnen vanaf het voorjaar op zoek gaan

Ook voor gezinnen met kinderen zijn er volop geschikte wandelroutes – niet te lang, niet te zwaar –, zoals hier in de Vanoise.

naar de unieke en vaak kleurrijke alpenflora. Het hele jaar te zien zijn de gletsjers – hoewel de meeste ijstongen de laatste decennia zienderogen zijn geslonken. De beroemdste is de Mer de Glace bij Chamonix, maar neem ook eens een kijkje bij de nabijgelegen Glacier Les Bossons, de Glacier de La Meije bij La Grave, de Glacier du Mont de Lanc bij Les Deux-Alpes of de Glacier Blanc en de Glacier Noir bij Pré de Madame Carle. In sommige van deze gletsjers bevinden zich ijsgrotten met kunstzinnige ijsbeelden. Al dat ijs en sneeuw voeden verschillende watervallen die een prachtig doel kunnen zijn van een wandeling. Spectaculaire tochten kun je ook maken in kloven als de Gorges du Pont du Diable (duivelskloof) tussen Thonon-les-Bains en Morzine. Opmerkelijk zijn verder de grillige rotsformaties genaamd Demoiselles Coiffées (gekapte dames), dicht bij het Lac de Serre-Ponçon.

Verdere uitstapjes

Even uitblazen na al dit natuurschoon? Dat kan bijvoorbeeld in Briançon, een hooggelegen vestingstad waar de mediterrane sfeer verraadt dat Italië vlakbij is. Een uitstapje over de Zwitserse grens brengt je in de compacte wereldstad Genève, waar het enorme meer uitnodigt tot een duik of een tocht met een van de nostalgische raderboten. Nog veel meer water vind je in het Lac de Serre-Ponçon, een gigantisch stuwmeer met volop water-sportmogelijkheden. Een stuk drukker is het Meer van Annecy, dat jaarlijks talrijke toeristen trekt dankzij de eeuwenoude stad, de bergen en natuurlijk het kabbelende water. Net wat chiquer gaat het toe in Aix-les-Bains, een kuuroord met een prachtig kunstmuseum en ook weer een aangenaam meer, het Lac du Bourget. Zo is een week in de Franse Alpen al snel gevuld met meer dan alleen skiën, wandelen of fietsen!

Franse Alpen in cijfers

4808

meter hoog is de Mont Blanc volgens een meting in 2015. Een eerdere meting kwam tot 4810 meter.

21

haarspeldbochten telt de Alpe d'Huez, de beroemde berg die regelmatig tijdens de Tour de France wordt beklommen.

1924

was het jaar waarin in Chamonix de allereerste Olympische Winterspelen werden gehouden.

37

klokken hangen er in de toren van de Basilique de la Visitation in Annecy.

80

meter diep is het Meer van Annecy op het diepste punt.

2

nationale parken kun je bezoeken in de Franse Alpen, plus drie regionale natuurparken.

5

Franse departementen besturen het gebied van de Franse Alpen: Ain, Isère, Drôme, Savoie en Haute-Savoie.

1786

was het jaar waarin twee klimmers voor het eerst de top van de Mont Blanc bereikten.

293

atleten deden mee tijdens de eerste Olympische Winterspelen in 1924.

33

ton weegt de zwaarste klok ter wereld die is gegoten in de kerkklokkengieterij in Sevrier. Nu is hier een museum gevestigd.

720

kilometer lang is de Route des Grandes Alpes, een toeristische route die de Alpen van noord naar zuid doorsnijdt en daarbij zestien alpenpassen passeert.

3,5

miljoen glazen mozaïekstukjes zijn verwerkt in het plafond van het Casino in Aix-les-Bains.

3

keer werden de Olympische Winterspelen in de Franse Alpen georganiseerd: in 1924 in Chamonix, in 1968 in Grenoble en in 1992 in Albertville.

95

meter schuift de Mer de Glace, de grote gletsjer bij de Mont Blanc, elk jaar naar beneden.

1898

was het jaar waarin keizerin Elisabeth van Oostenrijk, beter bekend als Sisi, aan de oever van het Meer van Genève werd doodgestoken door een Italiaanse anarchist.

160.650

inwoners telt de grootste stad van de Franse Alpen, Grenoble.

1500

mensen moesten verhuizen toen in 1955 werd begonnen met de aanleg van het Lac de Serre-Ponçon, een enorm stuwmeer in de Hautes-Alpes.

500

liter water spuit de Jet d'Eau, de beroemde fontein van Genève, per seconde 140 m de lucht in.

Eten en drinken

Honger gekregen na een lange dag vol activiteiten in de bergen? Schuif dan aan voor een stevige maaltijd in een van de vele restaurants. Traditioneel worden in de alpenkeuken vooral regionale producten gebruikt: kaas, aardappelen, verse appels en peren, maar ook wilde paddenstoelen, varkensvlees en vis. Daarbij doet een glaasje Savooise wijn het altijd goed. De maaltijd beginnen of afsluiten doe je in stijl met een glaasje alpenlikeur.

Eetgewoonten

Veel Fransen hebben voor het ontbijt genoeg aan een croissantje en een kop koffie. Het ontbijt in de hotels is doorgaans dan ook eenvoudig. De lunch daarentegen is stevig, soms zelfs in de vorm van een volledige maaltijd. In veel restaurants kun je voor een schappelijk bedrag een vast lunchmenu bestellen onder de benaming *plat du jour* (dagmenu) of *formule*. Ook voor het diner is vaak een *formule* beschikbaar, naast een keuze van de menukaart. Let op: in bergrestaurants en zeker in berghutten

is de keuze vaak beperkt tot enkele gerechten. De Fransen dineren meestal tussen 19.30 en 22 uur, maar in toeristische plaatsen kun je vaak eerder in de restaurants terecht.

Regionale specialiteiten

Gerechten uit de traditionele alpenkeuken zijn voedzaam, eenvoudig én smaakvol. Een van de klassiekers op de menukaart is kaasfondue, hier meestal fondue savoyarde genoemd. Daarbij doop je een stukje brood in een pan met gesmolten kaas, vaak beaufort, vermengd met een plaatselijke droge witte wijn en gekruid met knoflook en nootmuskaat. Raclette is in plakjes gesneden kaas met in de schil gepofte aardappel. Gratin dauphinois en gratin savoyard zijn smakelijke ovenschotels met pittige kaas en room. Tartiflette (zie recept hiernaast) is een klassieke ovenschotel met aardappel, spek en reblochonkaas. Bij de variant croziflette zijn de aardappels vervangen door *crozets*: vierkante pastablokjes, gemaakt van tarwe of (glutenvrije) boekweit. Ook varkensvlees staat regelmatig op het menu, bijvoorbeeld in de vorm van *diots*: worsten met witte wijn. Je kunt kiezen uit vlees dat lichtgebakken *(saignant)*, medium *(à point)* of doorbakken *(bien cuit)* is. Vooral in de buurt van de meren staan vissen als snoek, zalmforel en baars op het menu. Bij snelstromende riviertjes is vaak forel *(truite)* verkrijgbaar.

Na het skiën of wandelen gaat een kruidig likeurtje er wel in. Proef in elk geval eens een génépi, de Savooise variant van absint. De naam komt van het zeldzame bergplantje genus artemisia, een van de vele ingrediënten die in génépi zijn verwerkt. Er zit ook brandewijn en suiker in, maar verder is het recept geheim. Bovendien verschilt de smaak per producent. De bekendste producent is misschien wel Chartreuse, de kloosterdistilleerderij die al eeuwenlang sterkedrank maakt. Een smaaktest doen? Maak het niet te bont, want het alcoholpercentage bedraagt 40-45%!

RECEPT VOOR TARTIFLETTE

Ingrediënten voor vier personen:
1 kilo vastkokende aardappelen
200 gram gerookte spekblokjes
2 uien
2 eetlepels crème fraîche
500 gram reblochon (Franse kaas)
klontje boter
zout en peper
eventueel scheut witte wijn

Verwarm de oven voor op 180 °C.
Snijd de aardappelen in plakken van
0,5 cm en kook ze met een beetje

zout net niet gaar. Laat ze uitlekken
en afkoelen. Fruit in een bakpan de
uien met de spekblokjes tot de uien
glazig zijn (circa 10 minuten). Blus
eventueel af met een scheut witte
wijn. Doe de aardappelschijfjes in een
ovenschaal met daaroverheen de uien,
de spekjes en de crème fraîche. Voeg
zout en peper naar smaak toe. Snijd de
reblochon in plakken en leg deze in de
ovenschaal. Zet de schaal in de oven
en bak in 25-30 minuten tot de kaas
gesmolten en goudbruin is.

Nagerechten

Als dessert kun je meestal kiezen uit
een kaasplankje of een zoet dessert als
ijs, fruit (vooral in het zuiden), chocola-
demousse of bavarois. Ook pruimentaart
(tourte) en kersentaart (fôret noir)
worden graag gegeten, evenals gâteau
de savoie, een lichte cake, en walnoten-
taart uit de regio rond Grenoble. Tarte
du champsaur is een zeer smaakvolle
taart met pruim- en bessenvulling.
Op het kaasplankje liggen zeker enkele
regionale favorieten, die overigens
ook opduiken in veel hoofdgerechten.
Kazen met een regionaal keurmerk,
ofwel appellation d'origine contrôlée
(AOC), zijn beaufort, tome des bauges,
reblochon en abondance. Je kunt ze ook
in de supermarkt kopen en als souvenir
mee naar huis nemen.

Wat zullen we drinken?

Sinds de Romeinse tijd wordt er wijn
geproduceerd in de Franse Alpen. De
wijngaarden liggen doorgaans op
steile hellingen en zijn klein, maar
leveren relatief goede wijnen, zowel
rood als wit. Liever wat sterkers? De
anijsdrank pastis wordt in heel Frankrijk
gedronken. Kirsch, een brandewijn op
basis van kersensap, wordt vaak na de
maaltijd geserveerd om de spijsverte-
ring te bevorderen. Chartreuse is een
kruidige alpenlikeur, die sinds begin
18e eeuw door monniken in de buurt
van Grenoble wordt gemaakt. Marc-de-
savoie is een brandewijn gestookt van
de schillen en pitten van druiven. Het
groene drankje génépi wordt gemaakt
met brandewijn, suiker en alpenkruiden
(zie kader).

Het kompas van de Franse Alpen

#2
Omhoog met de kabelbaan – **Aiguille du Midi**

#3
Wandelen rond een kegelvormige berg – **Le Môle**

Zweven tussen hemel en aarde

DE HAUTE-SAVOIE AAN JE VOETEN

#1
Water, bos en bergen – **fietsen rond het Meer van Annecy**

ZWEMKLEDING MEE!

WAAR BEGIN IK?

UITSTAPJE NAAR ZWITSERLAND

#15
Zwemmen, wandelen, varen – **het Meer van Genève**

Met de **auto** of toch met de **fiets?**

Een zeegroene watervlakte

#14
Een legendarische bergpas – **Col du Galibier**

IJS IN VERSCHILLENDE SMAKEN

#13
Een rondje om een stuwmeer – **Lac de Serre-Ponçon**

#12
Witte en zwarte gletsjer – **de vallei van Vallouise**

#4

Middeleeuws vissers-
dorp aan het Meer van
Genève – **Yvoire**

#5

Wintersportparadijs –
**Paradiski, Val
d'Isère en Tignes**

LE PLUS BEAU
VILLAGE DE FRANCE?

SKI'S AAN EN GÁÁN

BEESTJES
KIJKEN

#6

Alpenpassen en
steenbokken –
**Parc National
de la Vanoise**

#7

Langs kerken
en bergdorpen –
**Maurienne en
Tarentaise**

VOLG DE RIVIER!

{ IN
ZOMER
ÉN
WINTER }

#8

Skipistes en
haarspeldbochten –
**Alpe d'Huez en
Les Deux Alpes**

Ongenaakbare
wandelbergen

Op zoek naar de
gekapte dame

MAJESTUEUZE
ALPENTOPPEN

#9

Bergen, dalen en
druipsteengrotten –
**Parc Naturel
Régional du Vercors**

#11

Spectaculaire natuur –
**Parc National des
Écrins**

#10

Ruige natuur en oude
boerderijen – **Parc
Naturel Régional du
Queyras**

Haute-Savoie

De hoogste bergen, de mooiste natuur: het is niet verwonderlijk dat het departement Haute-Savoie een populaire vakantiebestemming is. Hier vind je toeristische toppers als de Mont Blanc, Annecy en Chamonix. Kies in de zomer uit bergwandelen, mountainbiken, klimmen, parapenten of een van die vele andere uitdagende sporten. Of kom gewoon relaxen aan het Meer van Annecy. In de winter verandert de Haute-Savoie in een van de belangrijkste skibestemmingen van Frankrijk.

Annecy 🕮 E 4

plattegrond blz. 18-19

Annecy (51.000 inw.) ligt aan de noordoever van het Lac d'Annecy, ofwel het Meer van Annecy. Vooral in de zomer trekken het kabbelende water en het chique stadje tal van toeristen. In het oude centrum dwaal je door sfeervolle straatjes met kleurige huizen, grachten en verrassende winkeltjes. Daarna kun je uitblazen op een van de terrasjes aan de rand van het langgerekte meer. Of toch liever inschepen voor een boottocht?

Dwalen door het centrum

Het **Château d'Annecy** 1 (Place du Château, http://musees.agglo-annecy.fr/chateau-d-annecy, dag., € 5,50) was eerst eigendom van de graven van Genève en daarna van de hertogen van de Savoie. Het is tussen de 13e en de 16e eeuw gebouwd in een mix van stijlen en biedt een prachtig uitzicht over de omgeving. In het **museum** ontdek je archeologische en historische collecties van de Savoie, zoals meubels, glaswerk, keramiek en houtsnijwerk. Verder hangen

Annecy is de plaats waar ooit het **parapenten** of paragliden werd geboren: spring met een glijscherm van een berg af en je zweeft heerlijk vrij over het azuurblauwe meer, de stad en de kalkstenen wanden van de Dents de Lanfon en de Tournette. Ook nu nog is Annecy een populaire bestemming voor een vrije vlucht: als het weer het toelaat zijn er meer dan duizend take-offs per dag. Kijk voor meer (Nederlandstalige) informatie op nl.lac-annecy.com/paragliding.html.

er werken van Nederlandse en Vlaamse schilders en er worden wisselende moderne kunsttentoonstellingen georganiseerd. In een apart gebouwtje is het **Observatoire Régional des Lacs Alpines** gevestigd, met een interactieve tentoonstelling over het ecosysteem in en rond het meer.

Wandel vanaf het kasteel richting de rivier Le Thiou en je komt bij het markante **Palais de l'Île** 2 (3, passage d'Ile, http://musees.agglo-annecy.fr/palais-de-l-Ile, dag., € 4). Het paleis ligt midden in het water en domineert het oude centrum van Annecy. In de 12e eeuw was dit de residentie van de graaf van Genève. Vervolgens zaten hier de munt, de rechtbank en daarna tot 1870 een gevangenis. Nu zijn er tentoonstellingen over de plaatselijke geschiedenis te zien.

Kerkelijk erfgoed

Even verder, op de noordoever, staat de **Église Saint-Maurice** 3 (Rue Saint-Maurice). Deze gotische, voormalig dominicaanse kerk stamt uit de 15e eeuw en is daarmee de oudste kerk van Annecy. Binnen pronkt een barokke preekstoel uit de 18e eeuw, gedragen door Atlas en versierd met houtsnijwerk. Let ook op de 15e- en 16e-eeuwse fresco's van Bijbelse scènes. Tegenover de kerk staat het stadhuis.

Zigzag dan westwaarts door de straten en al snel doemt de massieve gevel van de **Cathédrale Saint-Pierre** 4 op. Deze kathedraal stamt uit 1535 en werd een toevluchtsoord voor de bisschoppen van Genève die in de tijd van de reformatie verbannen waren. Het bouwwerk heeft een renaissancistische façade die bijna Romeins aandoet en een gotisch interieur met een fraai orgel. In de zomer worden hier concerten gegeven. Hoog boven de stad uit torent de **Basilique de la Visitation** 5 (11, avenue de la Visitation). In de toren hangen maar liefst 37 kerkklokken, waarmee een gevarieerd oeuvre gespeeld kan worden. Overigens is de kerk minder oud dan hij lijkt: de bouw startte in 1909 en duurde tot 1930. Eenmaal dichterbij is dat beter zichtbaar: oude

Een markant stukje Annecy: het in het water gebouwde Palais de l'Île, een paleis waar tot 1870 gevangenen werden vastgehouden.

en nieuwe materialen zijn door elkaar heen gebruikt.

Van een heel andere orde is de romantische **Pont des Amours** 6 – de brug der geliefden – die vlak bij het meer het Canal du Vassé oversteekt. De huidige ijzeren brug dateert van 1907, toen een houten voorganger uit 1845 werd vervangen. Een deel van het kanaal onder de brug is in de 19e eeuw drooggelegd, net als een aantal andere kanalen in de stad. Tal van kleurige roeibootjes liggen hier aan de kade.

···

ETEN, SHOPPEN, SLAPEN

···

🏠 Overnachten

Comfortabele appartementen
Le Royal Annecy 1

Reserveer voor een nacht, een week of nog langer in dit appartementenhotel aan de rand van de oude stad.

9, rue Royale, 09 70 72 08 86, www.appart hotel-annecy.com, vanaf € 89 per nacht

17e-eeuws pand
Les Jardins du Château 2
Betaalbaar tweesterrenhotel aan het

plein naast de Sint-Franciscuskerk. Centraal gelegen, maar toch rustig. Gratis wifi. Exclusief ontbijt.

1, place Saint-François de Sales, tel. 04 50 45 15 45, www.hoteldesavoie.fr, 2 pk vanaf € 70

Niet alleen voor de jeugd
Auberge de jeunesse

Deze jeugdherberg ligt op enkele minuten lopen van de oude stad, midden in een groen park en met een mooi uitzicht op het meer. Er zijn 111 bedden, verdeeld over kamers van 2 tot 5 personen.

4, route du Semnoz, tel. 04 50 45 33 19, www.fuaj.org, vanaf € 22,50 per persoon

···

🍴 Eten en drinken

Traditionele gerechten
Chez Mamie Lise 1
Proef traditionele gerechten uit de Savoie in een sfeervol plattelandsdecor – houten meubels en muren, geblokte tafelkleden. Met een groot terras.

11, rue Grenette, tel. 04 50 45 41 18, www.mamie-lise.com, dagschotel vanaf € 10

Dobberend op het meer
Restaurant Ms Libellule 2
Stap aan boord van het excursieschip

ANNECY

Bezienswaardig
1. Château d'Annecy
2. Palais d'Île
3. Église Saint-Maurice
4. Cathédrale Saint-Pierre
5. Basilique de la Visitation
6. Pont des Amours

Overnachten
1. Le Royal Annecy
2. Les Jardins du Château
3. Auberge de jeunesse

Eten en drinken
1. Chez Mamie Lise
2. Restaurant Ms Libellule
3. Le Belvédère

Winkelen
1. La Fermette
2. Le Tetras
3. Meyer chocolatier

Uitgaan
1. Théâtre Bonlieu

Sport en activiteiten
1. Plage d'Annecy-le-Vieux
2. Compagnie des Bateaux
3. Station Roller

MS Libellule en geniet onderweg van verschillende Franse gerechten. Reserveren is verstandig. Vertrek om 12.30 en 20.30 uur.

Quai Napoléon III, tel. 04 50 51 08 40, www. annecy-croisieres.com, menu vanaf € 57

Michelinster
Le Belvédère ❸
Franse gastronomische keuken, met tijdens het dineren fraai uitzicht over het meer en de stad. Al sinds 2007 bekroond met een Michelinster. Ook een betaalbaar menu met dagverse producten van de markt. Tevens hotel met kamers vanaf € 135.

7, chemin du Belvédère, tel. 04 50 45 04 90, www.belvedere-annecy.com, menu vanaf € 40

 Winkelen

Dinsdag, vrijdag en zondag (7-13 uur) is er een **warenmarkt** in het oude centrum. Op vrijdag (7-13 uur) kun je verder terecht op de Quai de l'Eveché en op zaterdag (7-13 uur) op de boulevards Nicollet en Taine. Elke laatste zaterdag van de maand is er **brocantemarkt** met kunst, antiek en snuisterijen in het oude centrum en op de Quai de Vicenza.

Regionale producten
La Fermette
Voor een keur aan regionaal geproduceerde lekkernijen ga je naar deze sfeervolle winkel. Ook webwinkel.

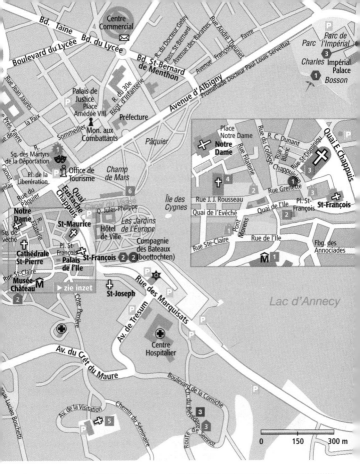

Rue du pont Morens, tel. 04 50 45 01 62,
www.la-fermette-annecy.com

Kleurrijk keramiek
Le Tetras
Op zoek naar een souvenir van aarde-
werk? De decoraties met stippen zijn
karakteristiek voor deze streek.
2, rue Jean-Jacques Rousseau,
tel. 04 50 45 01 62

Onweerstaanbaar lekker
Meyer chocolatier
Heerlijke ambachtelijke chocolade en
macarons van Bruno Meyer. Proef de
roseaux du lac!
4, place Saint François de Sales, tel. 04 50 45
12 08, www.chocolatier-annecy.com

Uitgaan

Muziek, theater en dans
Théâtre Bonlieu
Groot theater aan de rand van de oude
stad met een grote en een kleine zaal.
1, rue Jean Jaurès, tel. 04 50 33 44 00, www.
bonlieu-annecy.com

Sport en activiteiten

Annecy noemt zichzelf de 'Europese
outdoorhoofdstad'. Dat is wellicht wat
optimistisch, maar het aanbod aan activiteiten op het water, in de lucht en op het
land is zonder meer indrukwekkend.

#1

Water, bos en bergen – fietsen rond het Meer van Annecy

Stap op de fiets en volg het slingerende fietspad langs de oevers van het Meer van Annecy. Het uitzicht onderweg: klotsende golven, oprijzende bergen en glooiende velden met koeien. In verschillende dorpen nodigen terrasjes uit tot een welverdiende pauze. En als in de zomer de temperaturen oplopen, staat niets een verfrissende duik in de weg.

M
MEER

Het Meer van Annecy in getallen:
Lengte: 14,5 km
Omtrek: 38 km
Oppervlakte: 27 km²
Gemiddelde diepte: 42 m
Maximale diepte: 80 m
Hoogte: 447 m
Gemiddelde watertemperatuur: 6 °C in de winter, 20-24 °C in de zomer

Geen e-bike nodig

Fietsen in de Franse Alpen klinkt als een hele uitdaging, maar dat geldt niet voor deze tocht rond het Meer van Annecy. De circa 42 km lange route volgt bijna overal de oever van het meer, dus echt klimmen hoeft niet. Langs de westoever *(rive ouest)* loopt zelfs een mooi tweebaans fietspad *(piste cyclable)*. Je kunt de route in een paar uur fietsen of er een dag voor uittrekken en verschillende stops maken. Als je met de klok mee fietst, bereik je vanaf het Office de Tourisme in Annecy na 3 km de buitenwijk Annecy-le-Vieux. Volg daarna de D909 langs de oevers van het meer. De route is hier een beetje heuvelachtig. Na 4 km wacht het kleine dorp **Veyrier-du-Lac**.

Toren op de rots

3 km verderop ligt **Menthon-Saint-Bernard**, de geboorteplaats van Saint-Bernard de Menthon, de patroonheilige van de alpinisten. Blikvanger is het **Château de Menthon-Saint-Bernard 1**. De basis van het kasteel is 12-eeuws, maar uiteraard is er in de loop van de eeuwen flink aan verbouwd. Bijzonder: al die tijd heeft dezelfde familie het kasteel bewoond. Ook vóór de 12e eeuw moet hier overigens al een versterking hebben gestaan. Menthon is een woord van Keltische origine en betekent 'toren op de rots'. Een deel van het kasteel is opengesteld voor bezoekers, waaronder de binnenplaats, de keuken, de bibliotheek en de

Duingt; vroeger een dorp van kastelen, nu dé plek om zandkastelen te bouwen of te loungen aan het strand.

kapel. In de weekenden en op feestdagen vinden er regelmatig gekostumeerde activiteiten plaats.

De route gaat verder richting Talloires. Eerst wacht een stuk vals plat van circa 3,5 km lang, het enige deel van de route waar de beenspieren extra werk zullen moeten verrichten. De afdaling brengt je vervolgens in het aantrekkelijke **Talloires**, met ook weer en sfeervol haventje. In de 11e-eeuwse benedictijnse abdij zit tegenwoordig het luxeueze Hôtel de l'Abbaye.

Natuurreservaten

Na dit dorp daalt de weg richting het langgerekte meer. Rechts doemt het **Réserve Naturelle du Roc de Chère** op: een klein, bosrijk en rotsachtig natuurreservaat (69 ha) dat op een hoogte van 448 m ligt en een prachtig uitzicht over het meer biedt.

Nog meer natuur wacht vlak voor **Bout-du-Lac** aan de zuidkant van het meer: het 84 ha grote **Réserve Naturelle du Bout du Lac**. In dit moerasgebied leven onder andere futen, wilde eenden, hagedissen en beverfamilies. Fiets ook even door naar het strand van Bout-du-Lac voor een fraai panorama over het meer. Vanaf hier fiets je langs de westkant van het meer terug richting Annecy. Het fietspad is aangelegd op een voormalige spoorbaan.

Langs het strand

Na een paar kilometer doortrappen komt het op een schiereiland gebouwde **Duingt** in beeld. Het dorp beschikt over twee kastelen, beide ruim

FIETSVERHUUR
Roul'ma Poule:
4, rue des Marquisats, Annecy, tel. 04 50 27 86 83, www.annecy-location-velo.com.
Station Roller:
2, avenue du Petit Port, Annecy, tel. 04 50 66 04 99, www.roller-golf-annecy.com.

duizend jaar oud, waarvan er één is vervallen tot een ruïne. Zeker zo aantrekkelijk is het strand – de ideale plek voor een verfrissende duik? Nog eens 3 km verderop kun je in **Saint-Jorioz** een kijkje nemen in het **Maison de Pays du Laudon** 2. In de 19e-eeuwse boerderij is een expositie van oude voorwerpen uit het dagelijks leven te zien, zoals gereedschap, meubels en kleding.

Nog eens 4 km verder wacht het dorp **Sevrier**, dat ook weer is gezegend met een aantrekkelijk strand dat uitnodigt tot een pauze. Bijzonder in het dorp is het **Musée Paccard** 3. In deze kerkklokkengieterij zijn in de loop van de eeuwen meer dan 100.000 klokken vervaardigd, waaronder de grootste klok ter wereld met een gewicht van 33 ton. Nog niet genoeg gezien? Het **Folkloremuseum** (Place de l'Église) beschikt over een grote collectie klederdrachten. Stap dan weer op de fiets en na 4,5 km rustig doorpeddelen ben je terug in Annecy.

INFO EN OPENINGSTIJDEN

Château de Menthon-Saint-Bernard 1: Route du Château, www. chateau-de-menthon.com, apr.-juni en sept.-okt. vr., za., zon- en feestdagen 14-18 uur, juli en aug. dag. 12-18 uur,

www.chateau-de-menthon.com, € 9,50.
Maison de Pays du Laudon 2: 47, route de Tavan, www.museesaintjorioz. com, juli-half sept. di. en vr. 17-19, do. 9-12 en 17-19 uur.
Musée Paccard 3: 215, route de Piron, www.lacannecy.com/nl/musee-paccard, hele jaar dag.

Meer van Annecy

ETEN EN DRINKEN

Voor een kop koffie, een ijsje of een stevige lunch zijn er langs de oevers van het Meer van Annecy meer dan genoeg pauzeplekken te vinden, vaak met een terras. Culinair ingestelde fietsers kunnen in Doussard aanschuiven bij **Chez ma Cousine** 1 (2036 Route Annecy, tel. 04 50 32 38 83, www.chezmacou sine.fr, in de winter gesloten, gerechten vanaf € 15). Hier kun je romantisch eten met prachtig uitzicht en intussen genieten van gerechten uit een topkeuken.

Uitneembare kaart: E 4 | Fietstocht: ca. 3 uur

Zwemmen
Plage d'Annecy-le-Vieux ❶
Van juni tot in september kun je aan de rand van Annecy in het meer zwemmen. De watertemperatuur ligt dan tussen de 20 en 24 °C. Andere stranden vind je bij Doussard, Duingt, Menthon-Saint-Bernard, Sevrier, Talloires, Saint-Jorioz en Veyrier-du-Lac.
Avenue du Petit Port

Boottocht
Compagnie des Bateaux ❷
Vijf boten wachten op passagiers voor een tocht over het meer. MS Libellule (▶ blz. 17) heeft een goed restaurant aan boord. Vertrek vanaf Quai Napoléon III.
2, place aux Bois, tel. 04 50 51 08 40, www.annecy-croisieres.com

Skaten, kajakken, fietsen
Station Roller ❸
Uitgangspunt voor tal van activiteiten, verhuur van fietsen, skates, en kajaks.
2, avenue du Petit Port, tel. 04 50 66 04 99, www.roller-golf-annecy.com

Op avontuur!
Annecy Aventure
Parapenten, raften, mountainbiken, canyoning en nog veel meer.
tel. 04 50 45 38 46, www.annecy-aventure.com

INFO EN EVENEMENTEN

❶ Informatie
Office de Tourisme: 1, rue Jean Jaurès, tel. 04 50 45 00 33, www.lac-annecy.com. Informatie over toeristische mogelijkheden in Annecy en op en rond het Meer van Annecy.

❶ Evenementen
Venetiaans carnaval: eind feb.-half mrt.
Noctibules: muziekfeest in de oude stad, vier nachten, tweede helft juli.
Fête du Lac: optredens en vuurwerk bij het meer, eerste za. van aug.
Traversée du Lac à la nage: overzwemmen van het meer, half aug., www.traverseedulacdannecy.fr.

Retour des Alpages: middeleeuwse tradities herleven als op de tweede zaterdag van oktober de kuddes van de alpenweides terugkeren naar het dal. De straten van Annecy zijn dan gevuld met versierde koeien, herders, folkloristische groepen en kramen waar streekproducten worden verkocht.

Retour des Alpages (terugkeer van de alpenweiden): traditioneel festival, tweede za. van okt., http://annecytraditions.free.fr.

IN DE OMGEVING

De kracht van de natuur
Aan de zuidkant van het meer ligt het **Réserve Naturelle du Bout du Lac**, een moerassig natuurgebied dat je via een wandelpad of per kajak kunt verkennen. Van juni tot september worden er rondleidingen georganiseerd. Let op: honden mogen niet mee!
In **Lovagny**, 10 km ten westen van Annecy richting Marcellaz-Albanais (aan de D16), ligt een indrukwekkende kloof met de naam **Gorges du Fier** (15 mrt.-15 okt. dag., www.gorgesdufier.com). Via een houten loopbrug langs de steile rotsoever wandel je 20 à 30 m boven de snelstromende rivier de Fier. De paden werden aan het eind van de 19e eeuw aangelegd door Marius Vallin, een architect uit Lyon. Let ook op de klaterende watervalletjes.
Vlak bij de kloof staat het imposante **Château de Montrottier** (apr.-juni en sept. wo.-zo. 10-18, juli-aug. dag. 10-19 uur, www.chateaudemontrottier.com) dat deels uit de 13e eeuw stamt. Bezoekers zijn welkom in verschillende historische kamers, gevuld met oude meubels, tapijten, porselein, wapens en schilderijen.

BERGKAAS

Reblochon is een rauwmelkse bergkaas uit de Haute-Savoie. *Reblocher* betekent 'voor een tweede keer melken' in het Savoyard (de plaatselijke taal van de Savoie). In de middeleeuwen moesten de boeren een deel van hun melk afstaan aan de landheer van het gebied, afhankelijk van hoeveel ze hadden geproduceerd. Een van de boeren bedacht een slim plan: hij melkte zijn koeien maar voor de helft als de vertegenwoordigers van de landheer langs zouden komen. Hierna melkte hij de koeien voor een tweede keer. Van deze extra melk maakte hij een kaas die hij reblochon noemde.

Kaas en kinderen
In **La Ferme de Lorette** in **Thônes** (Route de Glapigny, www.lafermede lorette.fr) wordt reblochon gemaakt van volle rauwe koemelk. Tijdens een bezoek aan de kaasmakerij kom je meer te weten over het productieproces. En natuurlijk kun je hier kaas proeven en kopen.
Op zoek naar een uitstapje voor de kinderen? In **Andilly**, tussen Annecy en Genève, ligt een pretpark waar elfen, de kerstman en allerlei figuren uit de middeleeuwen wonen: **Le Petit Pays** (610, route d'Annecy Jussy, tel. 04 50 32 73 64, www.lepetitpays.com).

Chamonix-Mont-Blanc 🗺 G 4

plattegrond blz. 26-27

Chamonix-Mont-Blanc (8900 inw., 1037 m), meestal kortweg Chamonix genoemd, is het centrum van de Franse bergsport – niet verwonderlijk als je weet dat het in een langgerekte vallei aan de voet van de Mont Blanc (4808 m) ligt.

In 1786 werd de Mont Blanc voor het eerst beklommen en in 1924 werden hier de eerste Olympische Winterspelen gehouden. Zowel in de winter als in de zomer is Chamonix een drukbezocht vakantieoord, waar op sportief gebied van alles te doen is. De mooiste tijd? Misschien wel die herfst en lente, als het in de meeste Alpendorpjes stil is geworden.

BEZIENSWAARDIGHEDEN

Het stadje verkennen
Het stadje Chamonix is uitgegroeid tot een levendige uitvalsbasis voor verkenningstochten naar de hooggelegen, besneeuwde toppen van het Mont Blancmassief. In het centrum vind je volop restaurantjes en brasseries, waar klassieke gerechten uit de Savoie, zoals fondue en raclette, worden geserveerd. Twee musea zorgen voor een aangename onderbreking van de buitensportactiviteiten. In het **Musée alpin** 1 (89, avenue Michel-Croz, tel. 04 50 53 25 93, di. gesloten, behalve juli-aug., www.cc-valleedechamonixmontblanc.fr) kom je alles te weten over de geschiedenis van het gebied, met vooral veel aandacht voor het toerisme en het alpinisme, inclusief de eerste beklimming van de Mont Blanc. Andere thema's: het boerenleven in de bergen, oude ambachten, historische kaarten, affiches, schilderingen, meubels en mineralen. In het **Musée des Cristaux-Espace Tairraz** 2 draait alles om mineralen, kristallen en de geologie van het Mont Blancmassief.

Skiën en klimmen
Topbestemming zijn en blijven de hoge bergen rond Chamonix, die vaak per kabelbaan of tandradbaan te bereiken zijn. In de winterperiode is Chamonix een van de skistations van het grote skigebied **Evasion Mont-Blanc**, dat beschikt over 445 km aan pistes. Voor beginners zijn Le Tour, Les Planards en Les Grands Montets geschikt. Ervaren skiërs kunnen terecht bij Le Brévent, La Flégère en Les Grands

Montets (vanuit Argentière). De bekendste off-piste afdaling is de Vallée Blanche: 20 km lang, vanaf de Aiguille du Midi en langs het Mer de Glace. Waarschuwing: doe deze afdaling alleen met een gids! In de zomer kunnen klimmers het gebied rond Chamonix het best bereiken vanuit **Argentière** (1252 m). Andere plaatsen in de vallei zijn onder meer Les Bossons (1005 m), Les Praz (1060 m) en Le Tour (1462 m).

Naar de Aiguille du Midi
De 3842 m hoge **Aiguille du Midi** (▶ blz. 28) is het kleine broertje van de Mont Blanc (4808 m). Een kabelbaan (retour € 61,50) gaat vanuit het centrum van Chamonix in twee etappes omhoog, met een tussenstop op het Plan de l'Aiguille (2317 m). Eenmaal boven op de scherpe top (*aiguille* is Frans voor naald) is bij helder weer het uitzicht over de Mont Blanc, de Zwitserse en de Italiaanse Alpen adembenemend. Rond de top vind je verschillende wandelplatforms en een restaurant met souvenirwinkel. Let op: op drukke dagen kunnen er flinke wachttijden ontstaan bij de kabelbaan. Terug naar beneden?

Dat kan met de kabelbaan, maar ook wandelend. Of je vervolgt je route met de kabelbaan Panoramique Mont-Blanc (retour € 89) naar de **Pointe Helbronner**, op de grens met Italië op 3462 m hoogte. Hiervandaan kun je te voet naar Courmayeur afdalen en vandaar met de bus terug naar Chamonix – of je neemt dezelfde weg terug via de kabelbanen.

Een zee van ijs
De tweede grote attractie van Chamonix is de gletsjer **Mer de Glace** (1913 m). Met de tandradbaan van Montenvers (retour € 31,50), die al sinds 1909 heen en weer rijdt, ben je er in twintig minuten. De 12 km lange gletsjer was ooit veel imposanter – bordjes geven aan tot waar de gletsjer in vroegere jaren kwam –, maar nog altijd is de aanblik van de ijsmassa indrukwekkend. Rond de gletsjer kun je verschillende wandelingen maken. Een steile afdaling via allerlei trappen leidt naar de **Grotte de glace** (ijsgrot), die geopend is van eind mei tot eind september. Ook kun je het Glaciorium bezoeken, een tentoonstelling over gletsjers in een omgebouwde ezelstal.

Parapenten bij het Mont Blancmassief: met een glijscherm van een berg springen en dan zo lang mogelijk in de lucht blijven.

CHAMONIX

Bezienswaardig
1. Musée alpin
2. Musée des Cristaux-
   Espace Tairraz

Overnachten
1. Hôtel Le Morgane
2. Hôtel Les Crêtes
   Blanches
3. Pointe Isabelle Hôtel
4. Auberge de jeunesse

Eten en drinken
1. Brasserie de L'M
2. La Pontinière
3. Le Sérac

Winkelen
1. Le Refuge Payot
2. Aux Petits Gour-
   mands
3. Ancey Chocolatier

Uitgaan
1. Les Caves du Pèle
2. The Chamonix Social
   Club
3. Amnesia
4. Le TOF-bar
   discotheque

Sport en activiteiten
1. École de ski de
   Chamonix
2. Summits
3. Compagnie des
   guides de Chamonix
4. Bureau des Guides
   du Mont-Blanc
5. Le Grand Bi Cycles

ETEN, SHOPPEN, SLAPEN

 Overnachten

Stijlvol logeren
Hôtel Le Morgane 1
Stijlvol, luxueus en modern viersterrenhotel in het centrum van Chamonix met uitzicht op de Mont Blanc. Met hammam, sauna en uitstekend restaurant.
145, avenue de l'Aiguille du Midi, tel. 04 50 53 57 15, www.morgane-hotel-chamonix.com, 2 pk vanaf € 95

Ontbijt in de tuin
Hôtel Les Crêtes Blanches 2
Driesterrenhotel in het centrum met zestien kamers met kookmogelijkheid. Uitzicht op de tuin en op de bergen. Alle attracties liggen op loopafstand.

16, impasse Génépy, tel. 04 79 06 05 45, http://les-cretes-blanches-74400.hotel-in-chamonix.com, 2 pk vanaf € 88

Hartje centrum
Pointe Isabelle Hôtel 3
Gerenoveerd driesterrenhotel op een paar minuten lopen van alle belangrijke plekken in Chamonix. Met bar en bistro.
165, avenue Michel Croz, tel. 04 50 53 12 87, www.pointeisabelle.com, 2 pk vanaf € 90

Hostel
Auberge de jeunesse 4
Aan de voet van de bergen, met een restaurant en kamers voor 2, 4 en 6 personen. Vanuit de richting Saint-Gervais is het vlak voor de Mont Blanctunnel rechts.
127, montée Jacques Balmat, tel. 04 50 53 14 52, www.hifrance.org/auberge-de-jeunesse/chamonix-mont-blanc.html, vanaf € 13 per persoon per nacht

Eten en drinken

Streekgerechten
Brasserie de L'M ❶

Groot restaurant met specialiteiten uit de Savoie. In het hart van Chamonix, met uitzicht op de Mont Blanc.
81, rue Joseph Vallot, tel. 04 50 53 58 30, hoofdgerecht € 12-28

Fondue, pizza
La Pontinière ❷

Traditionele uitstraling. Veel soorten kaas- en vleesfondue, maar ook andere lokale gerechten, pizza en pannenkoeken.
38, place Balmat, tel. 04 50 53 02 84, www.lapotiniere-chamonix.com, hoofdgerecht vanaf € 12

Regionale specialiteiten
Le Sérac ❸

Savoois restaurant in de hoofdstraat van Chamonix, met uitzicht op de Mont Blanc. Er is ook een bar.
148, rue du Docteur Paccard, tel. 04 28 31 69 84, www.leserac.com, hoofdgerecht vanaf € 15

Winkelen

Dwalend door het centrum van Chamonix vallen vooral de vele **buitensportzaken** op. Zowel zomerse bergwandelaars als winterse skiërs zitten hier goed. **Markt** is er elke zaterdagochtend op de Place du Mont-Blanc.

Lokale specialiteiten
Le Refuge Payot 🔒

Op zoek naar een souvenir? Hier vind je een keur aan specialiteiten uit de Haute-Savoie: van wijn en kazen tot vleeswaren, jam en génépi (likeur).
166, rue Joseph Vallot, www.refugepayot.com

27

Omhoog met de kabelbaan – **Aiguille du Midi**

Geen bergbeklimmer? Dan zijn er andere manieren om de toppen rond de Mont Blanc te bekijken. Een kabelbaan brengt je in een mum van tijd naar de eindeloos hoge Aiguille du Midi, waar een majestueus alpenpanorama wacht. Een hemelse – zij het ook prijzige – ervaring!

Tussen hemel en aarde

Vanuit **Chamonix** gaat de kabelbaan in twee etappes bijna loodrecht omhoog naar de Aiguille du Midi (3842 m). Het idee voor de kabelbaan ontstond in 1909, maar het bleek technisch moeilijker dan gedacht. Uiteindelijk werd het eerste traject in 1924 voltooid en de rest in 1955. In 1991 volgde een grondige modernisering.

De totale tocht duurt slechts twintig minuten, maar vraagt wel de nodige moed van mensen met hoogtevrees. Eerst scheer je in een grote cabine over de dennenbomen naar een tussenstation op het Plan de l'Aiguille (2317 m). Echt spectaculair is het tweede traject: de cabine zweeft boven een grote leegte en klimt dan steil omhoog naar de noordflank van de top. De beloning: een magnifiek uitzicht! Althans, bij helder weer …

Scherp als een naald priemt de Aiguille du Midi de hoogte in. Nog spectaculairder is de kabelbaan ernaartoe. Hoogtevrees? Dan misschien toch maar een andere bestemming kiezen …

Zicht op de Mont Blanc

Vanaf de verschillende panoramaterrassen op de top kijk je uit over de Franse, Zwitserse en Italiaanse Alpen. Blikvanger is de altijd witte top van de Mont Blanc (4808 m). Een lift leidt dwars door de rotsen naar een nog hoger gelegen observatiepunt. Spannend is de Pas dans le Vide, een glazen cabine boven een gapend gat waar je als bezoeker in kunt stappen. Wie durft?

Na een eventuele lunch in het **restaurant ❶** kun je voor een extra uitstapje de **Télécabine Panoramique Mont-Blanc** nemen (twintig minuten) naar de **Pointe Helbronner** (3462 m) aan de Italiaanse kant van de gletsjer. Hier vind je een ijsgrot die geopend is als de weersomstandigheden het toelaten.

Wandelen

Ervaren bergwandelaars kunnen vanaf de Aiguille du Midi terug naar beneden wandelen. Veel meer wandelmogelijkheden – ook voor minder bedreven bergwandelaars – zijn er vanaf het **Plan de l'Aiguille** halverwege het kabelbaantraject. Vanuit Chamonix loop je hier binnen 3 uur naartoe (je moet dan wel via dezelfde route weer afdalen). Een korte tocht leidt vanaf het Plan de l'Aiguille naar het **Lac Bleu** (2299 m), een meertje aan de voet van spitse rotstoppen. Een redelijk vlakke wandeling van 1,5 tot 2 uur brengt je bij het **Mer de Glace** (▶ blz. 25). Met de tandradbaan van Montenvers kun je dan terug naar Chamonix.

Omhoog naar de Aiguille du Midi? Neem in elk geval warme kleding en een zonnebril mee. En smeer je goed in met zonnebrandcrème. Kinderen onder de drie jaar mogen niet mee. Kinderen tot vijf jaar en mensen met hartproblemen wordt afgeraden in de kabelbanen te stappen.

INFO EN OPENINGSTIJDEN

Téléphérique de l'Aiguille du Midi: 100, place de l'Aiguille du Midi, tel. 04 50 53 22 75, www.chamonix.com, dag., gesl. begin nov.-half dec., volwassene vanaf € 49,50 enkele reis, vanaf € 61,50 retour. Korting voor gezinnen en kinderen.
Télécabine Panoramique Mont-Blanc naar Pointe Helbronner: www.chamonix.com, juni-sept., volwassene € 89 retour.

ETEN EN DRINKEN

De naam van restaurant **Le 3842** ❶ (tel. 04 50 55 82 23, www.aiguilledu midi-restaurant.com.fr, gesl. begin nov.-half dec.) verwijst naar de hoogte waarop het is gelegen. Op tafel komen gerechten voor fijnproevers uit de Haute-Savoie en de rest van Frankrijk.

OVERNACHTEN

Terminal Neige Refuge du Montenvers ❶ (Mer de Glace, tel. 04 57

74 74 74, http://montenvers.terminal-neige.com, 2 pk vanaf ca. € 200) is alleen met de tandradbaan of te voet bereikbaar. Dit hooggelegen hotel op 1913 m is in 1880 gebouwd en biedt een prachtig uitzicht op de bergen en het Mer de Glace. Wel reserveren! Er is ook een restaurant met een terras en een dagmenu voor ca. € 30.

Thee met gebak
Aux Petits Gourmands
Zoetigheden in alle vormen, kleuren en smaken. Je kunt alles ter plekke proeven met een kopje thee erbij.
168, rue du Docteur Paccard, www.petitsgourmands.fr

De allerbeste chocolade
Ancey Chocolatier 🍫
Franse specialiteiten om je vingers bij af te likken: macarons, clementines en gekonfijt fruit. De winkel wordt al sinds 1821 gerund door de familie Ancey.
98, rue Joseph Vallot

🌟 Uitgaan

Na een dag vol activiteiten nog energie over? Loungen met een glas wijn of een cocktail – en later op de avond dj's of liveoptredens – kan in **Les Caves du Pèle** 🌟 (80, rue des Moulins, www.caphorn-chamonix.com/les-caves). **The Chamonix Social Club** 🌟 (90, rue des Moulins) is een funkey cocktailbar waar dj's voor een levendige sfeer zorgen. Met dansvloer! Van house, electro en r&b zit je goed in **Amnesia** 🌟 (200, avenue de l'Aguille du Midi, www.amnesiaclubchamonix.com), de grootste club van Chamonix. Voor een mix aan

Een beetje bergsfeer én bergkaas proeven? Geen betere plek dan de zaterdagmarkt van Chamonix!

stijlen en een kleine, maar overvolle dansvloer kun je terecht in de gay-friendly **Le TOF-bar discotheque** 🌟 (158, place Edmond Desailloud).

🏔 Sport en activiteiten

In de winter nodigen de besneeuwde hellingen uit tot skiën, snowboarden en langlaufen. Voor lessen kun je terecht bij de **École de ski de Chamonix** ❶ (Maison de la Montagne, Place de l'Église, tel. 04 50 53 22 57, www.esfchamonix.com). Liever de lucht in? **Summits** ❷ (Brasserie de l'M, 81, rue Joseph Vallot, tel. 04 50 53 50 14, www.summits.fr) verhuurt materialen voor parapenten en biedt cursussen en tandemsprongen aan. Wie met een gids de bergen in wil, kan zich melden bij de oudste gidsenvereniging van Chamonix: de **Compagnie des guides de Chamonix** ❸ (Maison de la Montagne, Place de l'Église, tel. 04 50 53 00 88, www.chamonix-guides.com). Voor klimmers die de Mont Blanc willen bedwingen is er het **Bureau des Guides du Mont-Blanc** ❹ (9, passage de la Varlope, tel. 04 50 53 27 05, www.guides-du-montblanc.com). Overigens zijn er ook andere – zelfs Nederlandse – gidsen die je kunt boeken voor een klim naar de top.
Wandelaars kunnen in de vallei kiezen uit 160 verschillende wandelroutes (in totaal 350 km). Een uitgebreide wandelgids en -kaart is te koop bij het toeristenbureau. Fietsers kunnen fietsen en mountainbikes huren bij **Le Grand Bi Cycles** ❺ (240, route du Bouchet, tel. 04 50 53 14 16).

INFO EN EVENEMENTEN

Office de Tourisme: 85, place du Triangle de l'Amitié, tel. 04 50 53 00 24, www.chamonix.com, www.savoie-mont-blanc.com.
Fête des guides: 15 aug. Jaarlijks feest bij de Église Saint-Michel voor de berggidsen uit de omgeving. 's Avonds

zijn er optredens, vuurwerk en een geluid- en lichtshow.

Openbaar vervoer: vanaf Chamonix gaan treinen en bussen naar Argentière en Martigny in Zwitserland, en de andere kant op naar Les Houches en Saint-Gervais-Fayet. In Chamonix rijden lokale bussen, vooral in het winterseizoen. Als je vaker gaat reizen met kabelbaan, treintje, skilift of gondola, dan is een kortingspas erg handig (Mont-Blanc Multipass in de zomer of Chamonix Le Pass in de winter). Hiermee krijg je voor dezelfde prijs toegang tot verschillende vervoermiddelen. Kinderen, senioren en gezinnen krijgen korting.

Auto: de 11,6 km lange Mont Blanc-tunnel is tussen 1957 en 1965 gebouwd en verbindt Chamonix (Frankrijk) met Courmayeur (Italië). De tolkosten voor een personenauto bedragen € 45,20 voor een enkele reis en € 56,30 voor een retour (www.tunnelmb.net).

....

IN DE OMGEVING
....

Alpendieren en bergboerderij
Steenbokken, herten, moeflons, gemzen en bergmarmotten bekijken? Het kan in **Parc de Merlet** in **Les Houches** (2495, chemin de Merlet, tel. 04 50 53 47 89, www.parcdemerlet.com, mei-sept. dag., mei, juni en sept. ma. gesl.,€ 8). Dit dierenpark ligt op 1500 m hoogte ten westen van Chamonix, voorbij Les Bossons. In het centrum van datzelfde Les Houches is in een huis uit 1750 het **Musée Montagnard** ingericht (2, place de l'Église, juli-aug. wo.-ma. 14.30-18, schoolvakanties daarbuiten wo.-vr. 14-18 uur). Binnen leer je hoe de bergboeren in de 19e eeuw leefden.

Natuur
Réserve Naturelle des Aiguilles-Rouges (🕮 G 4, www.rnaiguillesrouges. org) is een prachtig natuurgebied tussen Argentière en Vallorcine. Het natuurreservaat ligt op 1200-2995 m hoogte – tijdens het beklimmen van de hellingen kun je de plantenwereld zien veranderen. Op de Col des Montets vind

je een klein informatiebureau met een tentoonstelling over de flora, fauna en geologie van het natuurreservaat. Wandelaars kunnen ten westen van Chamonix hun hart ophalen in het **Réserve Naturelle des Contamines-Montjoie** (🕮 G 5, www.lescontamines.com). Het decor varieert van sappige alpenweides op 1100 m hoogte tot de top van de Aiguille de Tré-la-Tête op meer dan 3800 m. Ook voor gezinnen zijn hier volop wandelroutes. Met wat geluk zie je onderweg alpenmarmotten, gemzen en steenbokken.

Cluses 🕮 F 3

Cluses (17.500 inw., 485 m) ligt in een bergachtige omgeving tussen het Meer van Genève en de Mont Blanc. Wandelaars verkennen hiervandaan de mooiste bossen van de noordelijke Alpen. De plaats in het dal van de rivier de Arve werd in de 18e eeuw bekend als centrum van horlogemakers.

3

Wandelen rond een kegelvormige berg – Le Môle

Tussen alle hoge toppen van de Haute-Savoie is Le Môle slechts een kleine jongen. Opvallen doet de berg vooral door de bijzondere kegelvorm. En doordat het een van de mooiste wandelgebieden van de regio is, met routes zonder technisch lastige stukken. Deze tocht van circa 4 uur slingert langs en over de berg, met onderweg fraaie uitzichten.

Startplaats Chez Béroud

De wandeling begint in **Chez Béroud** op een hoogte van 1860 m en is voor wandelaars met enige ervaring goed te doen. Vanuit Genève bereik je Chez Béroud via de A40. Rijd richting Chamonix en ga bij afrit nummer 15 (Boëge/Saint-Jeoire) links en kort daarop naar rechts richting Fillinges (D9). Volg de weg via Viuz-en-Sallaz (D907) en ga dan eerst richting Peillonex, daarna richting Saint-Jean-de-Tholonne. Vanaf hier wijzen bruine borden de weg naar Le Môle. Rijd nog enkele kilometers door via Bovère naar Chez Béroud. Parkeer aan het einde van de doodlopende weg.

Alpenweiden en bos

Volg bij het bordje 'Bovère alt. 1160 m' het brede pad met karrensporen omhoog langs struiken en bomen. Na circa 15 minuten kom je bij een bordje 'La Bossenaz alt. 1260 m'. Volg de richting 'Le Môle par le Plan Meulet'. Na weer 15 minuten ga je op een T-kruising bij een hoogspanningsmast rechtsaf de berg op. Blijf op het hoofdpad en negeer de afslaande paden. Onderweg passeer je verschillende informatieborden over de natuur van het gebied.

Verderop wacht een alpenweide en vervolgens het **Plan Meulet** (1563 m) – een ideale plek voor een korte pauze? Aan de linkerkant zie je de Tête de l'Ecutieux (1627 m). Rechtdoor gaat een pad naar het dorpje **L'Ecutieux**. Hiervandaan heb je

M
METEN

In 1775 probeerden wetenschappers en avonturiers voor het eerst de Mont Blanc te beklimmen. Vóór die tijd stond de berg bekend als een gevaarlijke plek waar misschien wel trollen, heksen en draken woonden. De Engelse wiskundige en astronoom George Shuckburgh beklom in 1775 de berg Le Môle en bepaalde vanaf daar via een driehoeksmeting de vermoedelijke hoogte van de Mont Blanc. Hij kwam uit op 4804 m – zeer dicht bij de daadwerkelijke hoogte van 4808 m!

een schitterend uitzicht over de Giffrevallei en het stadje Saint-Jeoire. Rechts doemt de afgeronde top van Le Môle op.

De weg naar de top

Volg vervolgens het bordje 'Le Môle' naar rechts. Je wandelt langs sparrenbomen en beklimt een heuvel. Blijf op het hoofdpad tot aan een bordje met daarop 'alt. 1760 m'. Volg dan het steile pad rechtdoor door een weiland. Negeer de zijpaden. Een houten kruis, dat hier in 1994 is neergezet, markeert de top van Le Môle. Pas wel op voor de steile afgrond!

De beloning van deze klim: een prachtig uitzicht rondom over de Haute-Savoie. In het westen ontwaar je het Meer van Genève, met de Jura erachter, in het zuiden de vallei van de Arve met de stad Bonneville, in het oosten de Giffrevallei met de stad Taninges en het Mont Blancmassief.

De afdaling

Volg voor de terugweg het pad langs de bergkam, dat via een rotsachtig pad vrij steil naar beneden gaat. Na twintig minuten ben je weer op 1587 m hoogte. Eventueel kun je vanaf hier het pad nog circa tien minuten verder volgen naar een mooi uitzichtpunt (het pad daalt af naar Les Granges): je kijkt uit over de bijzondere berg, de stad Cluses in de vallei met de Mont Chevran

T
TIPS

Le Môle is een populair wandelgebied. In het weekend en op zomerse vakantiedagen kan het dan ook druk worden. Neem bij voorkeur een goede wandelkaart mee, bijvoorbeeld IGN 3429 ET, Bonneville Cluses le Faucigny.

Na gedane arbeid is het goed rusten: de klim naar de top van Le Môle is zeker niet lastig, maar vraagt wel het nodige van de conditie.

erachter en de rivier de Giffre die in de grotere Arve stroomt. Links zie je de Pic de Marcelly bij Taninges.

Buvette

Loop dan terug naar het bordje '1587 m' en volg het bordje 'Saint-Jean par le Petit Môle'. Via een gebied met struiken en sparren kom je bij een open weide. Bij **Le Petit Môle** (1530 m) bevinden zich enkele chalets en een klein *buvette*, waar in de zomer drankjes te krijgen zijn. Grazende geiten en koeien zorgen voor de nodige alpensfeer. Dit is een mooie plek om nog een keer alle omringende bergtoppen in je op te nemen. Volg dan het pad verder omlaag tot bij het bordje 'La Bossenaz alt. 1260 m', waar je aan het begin van de wandeling ook al langs bent gekomen. Wandel tot slot terug naar de parkeerplaats bij Le Relais de Môle.

ETEN EN DRINKEN

Neem voor onderweg genoeg te eten en vooral te drinken mee. Het eerste deel van de route gaat alleen maar omhoog en vanaf Le Plan Meulet is er weinig schaduw. Voor een restaurant rijd je door naar Cluses.

OVERNACHTEN

Er zijn verschillende chambres d'hôtes en gîtes ruraux in de omgeving. In **Châtillon-sur-Cluses** (🗺 F 3) ligt **La Simonière** 🏠: tel. 04 50 18 05 62, www.lasimoniere.com, 2 pk € 60. Hier zijn ook eenvoudige maaltijden te krijgen.

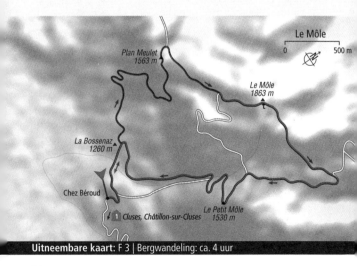

Uitneembare kaart: F 3 | Bergwandeling: ca. 4 uur

Verkenningsrondje

Cluses ligt in de vallei van de **Arve**. Aan de rand van het stadje, richting Sallanches, steekt de **Pont Vieux** de rivier over. Deze stenen boogbrug dateert van 1674 en is een van de weinige overblijfselen van Cluses van voor 1844, toen een brand de stad verwoestte. Ook de **Église Saint-Nicolas** achter het raadhuis heeft de brand overleefd. Deze 15e-eeuwse kerk fungeerde tot de Franse Revolutie (1789) als kloosterkerk. Halverwege de 20e eeuw volgde restauratie. De Engelse kunstenaar Michaelis ontwierp de glas-in-loodramen met als thema 'vuur'. In de 18e eeuw ontwikkelde Cluses zich van een boerendorp tot een centrum van klokken- en horlogemakers. Nieuwsgierig? Stap dan langs de oever van de Arve binnen bij het **Musée de l'horlogerie et du décolletage** (Espace Carpano & Pons, 100, place du 11 Novembre 1945, tel. 04 50 96 43 00, www.musee.2ccam.fr, juni-sept. dag. 10-12, 14-18 uur, okt.-mei. wo.-za. 14-18 en vakanties dag. 14-18 uur). Dit museum illustreert de geschiedenis van de horlogemakerij in Cluses. Ook zie je uurwerken van bekende personen als Voltaire en koning Lodewijk XIV.

 Winkelen

Markt is er maandagochtend op de Parking Claude en donderdag in La Sardagne.

 Sport en activiteiten

Prachtige wandelroutes die voor het hele gezin goed te doen zijn vind je op de afgeplatte berg **Le Môle** (▸ blz. 32).

INFO EN EVENEMENTEN

Office de Tourisme: Espace Carpano & Pons, 100, place du 11 Novembre 1945, tel. 04 50 96 69 69.

Sperluette: grote boekenmarkt, www.sperluette-cluses.fr, eind nov.

Évian-les-Bains

🛏 F 1

Évian-les-Bains (9000 inw.) is het bekendste kuuroord aan het Lac Léman, beter bekend als het Meer van Genève (▸ blz. 107). Het gelijknamige mineraalwater vind je in elke supermarkt. Net als veel andere kuuroorden werd Évian aan het einde van de 19e eeuw populair bij de gegoede burgerij die hier in luxe wilde genieten van de heilzame bronnen. De art nouveau-architectuur en de kabeltrein herinneren hier nog aan.

BEZIENSWAARDIGHEDEN

Langs de kuurgebouwen

Aan het begin van de 19e eeuw werd aan het mineraalwater van Évian een geneeskrachtige werking toegeschreven. Zo kon het dorp uitgroeien tot een populair kuuroord met badgebouwen, weelderige parken, chique villa's en hotels. Vooral in de periode rond 1900 is er veel gebouwd. Baden in puur mineraalwater kan nu in het moderne **Les Thermes d'Évian** (place de la Libération, www.lesthermesevian.com), een wellnesscentrum dat uitkijkt op het Meer van Genève. Wandel hiervandaan langs de oever en je komt bij het **Palais Lumière** (Quai Charles Albert Besson), waar van 1902 tot 1984 de kuurbaden van de stad waren gevestigd. De architectuur is karakteristiek voor kuuroorden van rond 1900: sierlijk, met veel zuilen, bogen en torentjes, uitgevoerd in pasteltinten. Sinds 2006 fungeert het badhuis als conferentiecentrum, met wisselende tentoonstellingen in de entreehal. Daar pal naast staat de **Villa Lumière** (2, Rue de Clermont), genoemd naar de twee broers die pioniers waren in de Franse cinema. Het interieur is weelderig gedecoreerd met veel goud en marmer. Op werktijden – nu is hier het raadhuis gevestigd – zijn de hal

Aan geld was duidelijk geen gebrek toen het badhuis van Évian werd gebouwd – nu fungeert het Palais Lumière als conferentie- en tentoonstellingsruimte.

en de lounge te bekijken. Daar weer naast staat het **theater** (1883-1885), gebouwd in neoklassieke stijl, dat wil zeggen vol verwijzingen naar de Griekse en Romeinse tijd. Tot slot passeer je een andere onmisbare kuurattractie: het **casino**, compleet met majestueuze koepel.

Mineraalwater
Wandel vanaf het Palais Lumière landinwaarts en je komt bij **L'espace Évian** (19, rue Nationale, eind mei-eind aug.), een schoolvoorbeeld van de art nouveau uit 1903. Binnen leer je alles over het beroemdste product van het kuuroord: water. Klim nog verder omhoog en je kunt het heilzame nat ook proeven bij de **Source Cachat** (Avenue des Sources), een bron in een prachtig gebouwtje uit hetzelfde bouwjaar. Geen zin om te wandelen? Achter het Palais Lumière start de **funiculaire** (mei-eind sept., gratis), een kabelspoorbaan die je in zes stations naar Neuvecelle brengt. neem hier wat te drinken en daal dan te voet weer af naar het meer.

Liefhebbers van weelderige tuinen nemen vanaf de kade bij het casino de zonneboot naar de **Jardin d'eau de pré curieux** (www.gavotnaute-leman. com, mei-sept. vertrek boot dag. 10, 13.45, 15.30 uur). Aan de westkant van Évian, direct aan het meer, zijn rond een koloniaal huis verschillende tuinen aangelegd. Een gids laat de mooiste plekjes zien en vertelt alles over de verschillende planten.

ETEN, SHOPPEN, SLAPEN

Overnachten

Romantisch
Hôtel Restaurant Les Cygnes
Boetiekhotel direct aan het meer met sfeervol ingerichte kamers, binnentuin, goed restaurant en bistro.
8, avenue Grande Rive, tel. 04 50 75 01 01, www.hotellescygnes.com, 2 pk € 95

Eten en drinken

Uit de belle époque
Les Fresques Royales
Op zoek naar echt wat bijzonders? Laat je dan in het stijlvolle restaurant van Hôtel Royal verrassen door smakelijke Franse of Zwitserse gerechten. Beloond met een Michelinster.
13, avenue des Mateirons, tel. 04 50 26 85 00, www.hotel-royal-evian.com, menu € 75-120

Verse vis
La Voile
Eenvoudig restaurant aan de haven van Évian met verse vis, gegrild vlees, salades en ijs.
Port des Mouettes, 2, quai Paul Léger, tel. 04 50 75 53 84, www.la-voile.fr, menu vanaf € 16

Winkelen

Markt
Markt is er elke dinsdag- en vrijdagochtend aan de Place Charles de Gaulle.

🍃 Sport en activiteiten

🍃 Wandelen
Langs het meer loopt een mooi wandelpad van circa 3 km.

🍃 Wellness
Les Thermes Évian
Kies uit verschillende 'bien-être'-arrangementen: antistress, ontspanningsbehandelingen, verjongings- en vermageringskuren enzovoort.
Place de la Libération, tel. 04 50 75 02 30, www.lesthermesevian.com

INFO EN EVENEMENTEN

Office de Tourisme: Place de la Porte d'Allinges, tel. 04 50 75 04 26, www.evian-tourisme.com.

Thonon-les-Bains
📖 F 2

Thonon (35.000 inw.) is de grootste stad aan de zuidelijke oever van het Meer van Genève (▶ blz. 107). De toevoeging 'les-Bains' geeft aan dat Thonon dankzij de heilzame bronnen is uitgegroeid tot een kuurstad. Het mineraalwater is ook te drinken en wordt verkocht onder de naam 'Thonon'. Rond de Grande Rue ligt een voetgangerszone met volop winkels, cafés en restaurants.

BEZIENSWAARDIGHEDEN

Bovenstad
Thonon ligt verspreid over twee verdiepingen. Hart van de bovenstad is de Grande Rue. Aan de kop van deze voetgangersstraat staat de **Église Saint-Hippolyte** (65b, grande Rue), een barokke kerk die werd gebouwd op de plaats van een 12e-eeuwse romaanse kerk. Op de

gewelven zijn in de 16e eeuw kleurrijke fresco's en versieringen aangebracht. De romaanse crypte onder de kerk stamt uit de 12e eeuw. De kerk is door een glazen wand verbonden met de neogotische **Basilique Saint-François-de-Sales**; let op de mooie glas-in-loodramen en de 14e-eeuwse madonna. Wandel hiervandaan richting het meer en je komt bij het **Hôtel de Ville** (1, place de l'Hôtel de Ville), het stadhuis dat in de 19e eeuw werd gebouwd in de voor de Savoie kenmerkende neoclassicistische stijl. Daarnaast heeft het toeristenbureau onderdak gevonden in het 17e-eeuwse **Château de Sonnaz** (2, rue Michaud). Het kasteel huisvest ook het **Musée du Chablais** (eind mrt.-half. nov. wo.-zo. 14.30-18 uur, juli-aug. dag. 10-12.30 en 14.30-18 uur). Hier kom je meer te weten over de plaatselijke geschiedenis, de badcultuur en de bergbewoners.

Benedenstad
Naast het toeristenbureau start de **funiculaire**, een kabeltreintje (€ 1) dat afdaalt naar de oever van het Meer van Genève. Beneden kom je bij de Port de Rives, een oude vissershaven waar de geschiedenis levend wordt gehouden

In de supermarkten liggen de mineraalwaters van Évian en Thonon gebroederlijk naast elkaar – net als de kuurplaatsen waar ze vandaan komen. De Romeinen kenden al de heilzame werking van het uit de bodem opborrelende water. Het water van Thonon is rijk aan calcium, magnesium en bicarbonaten. Baden in dit water zou helpen tegen spijsverteringsproblemen, reuma en diabetes. En je kunt het natuurlijk drinken – hoewel je dan 150 tot 500 keer duurder uit bent dan wanneer je je glas gewoon onder de kraan houdt.

4

Middeleeuws vissersdorp aan het Meer van Genève – **Yvoire**

Yvoire is benoemd tot een van 'Les Plus Beaux Villages de France' – een van de mooiste dorpen van Frankrijk. En dat is meer dan terecht: Yvoire is een middeleeuwse enclave met een kasteel en een haventje dat uitkomt op het azuurblauwe water van het Meer van Genève (▶ blz. 107), met aan de horizon een keten van bergen.

Vijf zintuigen

Wees gewaarschuwd: op zomerse dagen in augustus kan het druk worden in Yvoire. Buiten het hoogseizoen is er echter volop plaats op de twee grote parkeerplaatsen rond het oude centrum. Je wandelt het dorp binnen via de Porte de Nernier aan de zuidwestkant of de Porte de Rovorée bij de Place de la Mairie aan de zuidoostkant. Winkels en ateliers van kunstenaars en ambachtslieden vullen de bloemrijke steegjes. Eerste doel is de **Jardin des Cinq Sens** 🄰. Deze mooie tuin aan het meer was vroeger de groentetuin van het kasteel. De tuin is een labyrint, verdeeld in vijf delen, geïnspireerd op de vijf zintuigen. Kijk, ruik, voel, hoor en proef zelf wat de tuin allemaal te bieden heeft – in elk seizoen wachten nieuwe verrassingen.

Met de voeten in het water

Het kasteel van Yvoire: blikvanger langs de oever van het Meer van Genève.

Vanuit de tuin heb je prachtig uitzicht op het **Château d'Yvoire** 🄱, een kasteel dat met zijn voeten in het Meer van Genève (Lac Léman) staat. Begin 14e eeuw, tijdens de oorlog tussen de streken Dauphiné en Savoie, liet graaf Amédée V le Grand hier een fort aanleggen. Drie eeuwen later werd het bouwwerk deels verwoest; wat je nu ziet is het resultaat van restauraties begin vorige eeuw. Het kasteel is privébezit en helaas niet te bezoeken. De waterzijde kun je bekijken vanaf de pier bij de naastgelegen jachthaven. De pier is ook de ideale plek om met een ijsje in de hand te genieten van alle activiteiten in de haven en op het meer. Ook vertrekken hier boten voor een korte cruise rond het dorp. Een veerboot brengt je in een halfuur naar Nyon aan de Zwitserse kant van het meer.

Religie, kunst en natuur

Vlak bij het kasteel staat de **Église Saint-Pancrace** ▣, een kerk die maar liefst duizend jaar oud zou zijn. In die periode is het godshuis wel verschillende keren uitgebreid en herbouwd. Zo dateert de torenspits van 1854 – de bouwstijl is kenmerkend voor de religieuze architectuur van de Savoie uit de tweede helft van de 19e eeuw. Meer weten over de geschiedenis van het dorp? Bekijk dan de tentoonstellingen in het **Maison de l'Histoire** ▣, een historisch museum gevestigd in een oud pand. Voor kunst van hedendaagse Franse kunstenaars ga je naar **Galerie Fert** ▣.

Natuur

Op 1,5 km ten oosten van Yvoire ligt het natuurreservaat **Rovorée-La Châtaignière** ▣, een gebied van 24 ha bij de Route d'Excenevex. Het is een mooi wandelgebied met honderden jaren oude hazelnootbomen. Het reservaat is te voet via een groene route vanaf het dorp te bereiken. In het zomerseizoen rijdt er bovendien een busje.

INFO EN OPENINGSTIJDEN

Office de Tourisme: Place de la Mairie, tel. 04 50 72 80 21, www. yvoiretourism.com.

Jardin des Cinq Sens ▣: Rue du Lac, www.jardin5sens.net, half apr.-begin okt. dag., € 12.

Maison de l'Histoire ▣: Grande Rue, wisselende openingstijden, gratis.

Galerie Fert ▣: Grande Rue, http://galeriefert-yvoire.com, mrt.-nov. wo.-zo. 14-19 uur.

Uitneembare kaart: F 2 | Dorpswandeling: ca. 2 uur

in het **Ecomusée de la Pêche et du Lac** (2, quai de Rives, tel. 04 50 70 69 49, eind mrt.-half nov. wo.-zo. 14.30-18 uur, juli-aug. dag. 10-12.30 en 14.30-18 uur). In enkele kleurrijke oude vissershutten leer je alles over het meer en de vistechnieken.

Aan de noordrand van Thonon, vlak bij het meer, ligt het **Château de Ripaille** (83, avenue de Ripaille, tel. 04 50 26 64 44, www.ripaille.fr, in het seizoen dag.). Het kasteel was ooit het onderkomen van hertog Amédée VIII (1383-1451), die er de orde van de ridders van Saint-Maurice stichtte. In 1439 werd hij tot paus gekozen. Het kasteel is gebouwd in Savoiestijl en heeft vier robuuste torens. Maak een wandeling door de tuin of ga mee met een rondleiding door het kasteel met zijn 19e-eeuwse art nouveau-interieur. In de winkel kun je in het seizoen een fles ter plekke geproduceerde château de ripalle kopen.

ETEN, SHOPPEN, SLAPEN

 Overnachten

Aan het meer
Hôtel de la Plage
Mooi gelegen hotel met privéstrandje aan het Meer van Genève. Geopend van

april tot begin november. Ook restaurant met verse visgerechten en wild in het najaar.

Chemin de l'Hôtel de la Plage, Excenevex, tel. 04 50 72 81 12, www.hoteldelaplage-excene vex.com, 2 pk vanaf € 92

Eten en drinken

Traditionele keuken
Côté Lac
Geniet van de plaatselijke gerechten met uitzicht op het meer. Uiteraard staat er ook vis op het menu.

17, boulevard de la Corniche, tel. 04 50 26 45 29, www.17cotelac.com, hoofdgerecht vanaf € 20

Pure verwennerij
Le Prieuré
Culinaire hoogstandjes geïnspireerd op oude recepten, plus een grote keus aan wijnen.

68, grande-Rue, tel. 04 50 71 31 89, www. leprieurethonon.fr, menu vanaf € 45

Winkelen

Markt is er elke maandag- en donderdagochtend op de Place du Marché. Voor heerlijke Franse kaas, ook uit de omgeving, ga je naar **Fromagerie Daniel Boujon** (7, rue Saint-Sébastien, tel. 04 50 71 07 68, www.fromagerie-boujon.com).

Sport en activiteiten

Boottochten
Compagnie Générale de Navigation
Rondvaart van een uur met een stoomboot en tochten naar Évian of Lausanne.
Quai de Rives, tel. 08 48 81 18 48, www.cgn.ch

Watersporten
Société Nautique du Léman Français
Het uitgestrekte Meer van Genève nodigt uit tot tal van watersporten. In de haven van Thonon zit een zeilclub met een zeilschool.

Thonon is de startplaats van de **Route des Grandes Alpes**, een populaire autoroute die dwars door de Franse Alpen naar de Middellandse Zee gaat. De totale lengte is 720 km, waarbij zestien alpenpassen worden aangedaan. Tot de aanleg van de Franse autowegen was dit de belangrijkste route naar de Rivièra. Nu slingeren vooral toeristen en lokaal verkeer van berg naar berg.

Port de Rives, tel. 04 50 71 07 29, www.
voilethonon.com

☁ Wellness

Thermes de Thonon-les-Bains
Als bekend kuuroord beschikt Thonon
natuurlijk over een wellnesscentrum,
dat recent geheel is gerenoveerd.
1, avenue du Parc, tel. 04 50 26 17 22, www.
valvital.fr

···

INFO EN EVENEMENTEN
···

Office de Tourisme: Château de
Sonnaz, 2, rue Michaud, tel. 04 50 71
55 55, www.thononlesbains.com.
Montjoux festival: www.montjouxfesti
val.com, popmuziek, begin juli.
Les Fondus du Macadam: jaarlijks
straattheaterfestival met acrobaten,
vuurspuwers, concerten, vuurwerk; begin aug., www.thononevenements.com.

Saint-Gervais-les-Bains G 4

**Dit oude kuuroord (5500 inw.,
807 m) ligt op een helling tussen
de vallei van de Arve en de Mont
Blanc. Tot dezelfde gemeente be-
hoort het iets noordelijker gelegen
Le Fayet (567 m), bekend van de
geneeskrachtige bronnen en van
een tandradbaan die je naar het
hoogstgelegen stationnetje in
Frankrijk brengt. Zodra er sneeuw
ligt, draait in Saint-Gervais en het
nabijgelegen Megève alles om de
wintersport.**

Sfeervol plein
Het mooiste plekje van Saint-Gervais is
het centrale plein, waar je zeker even
moet binnenstappen bij de **Église
Saint-Nicolas de Veroce** (Route
de Saint-Nicolas). Deze 17e-eeuwse
laatbarokke kerk pronkt met tal van
cherubijntjes en uitbundige plafond-
schilderingen rond de wonderen die de
naamgever van de kerk heeft verricht.

Tramway du Mont Blanc
Maar Saint-Gervais is vooral een goede
uitvalsbasis voor verkenningen van
de omliggende bergen. Een prachtige
introductie biedt de **Tramway du Mont
Blanc**, een tandradtrein die lager in het
dal in **Le Fayet** start en via Saint-Gervais omhoogklimt naar het hoogstgelegen stationnetje van Frankrijk: Nid
d'Aigle. Hier vlak naast ligt de **Glacier
de Bionnassay**, een gletsjer waar je in
de zomer prachtige wandelingen kunt
maken. Ook kinderen kunnen mee,
want er zijn routes voor alle niveaus. De
skipistes rond de gletsjer hebben vooral
voor beginners veel te bieden.

···

ETEN, SHOPPEN, SLAPEN
···

🏠 Overnachten

🏨 Traditie in stijl
Hôtel-restaurant Fermes de Marie
Luxueus onderkomen met restaurant in
een complex van oude boerderijen. Spa,
zwembaden en open haard.
163, chemin de Riante-Colline, Megève, tel. 04
50 93 03 10, www.fermesdemarie.com, 2 pk
vanaf € 200

🏨 Alpenchalet
Alp-Hôtel
Dicht bij de Rochebruneskilift, tweesterrenhotel. Restaurant met Franse en
Savooise specialiteiten.
434, route de Rochebrune, Megève, tel. 04 50
21 07 58, www.alp-hotel.fr, 2 pk vanaf € 80

🏨 Dorpse sfeer
Hôtel Val d'Este
Kamers in plattelandsstijl in het cen-
trum. Restaurant en tearoom.
Place de l'Église, Saint-Gervais, tel. 04 50 93 65
91, www.hotel-valdeste.com, 2 pk vanaf € 70

🏨 Jeugdherberg
Auberge de jeunesse
Authentiek ogende jeugdherberg in
La Clusaz, nabij skipistes en het bos.
Route du Col de Croix Fry, La Clusaz, tel. 04 50
02 41 73, www.auberge-la-clusaz.com

Eten en drinken

Alpencuisine met Michelinster
Le Sérac
Voortreffelijke regionale gerechten, beloond met een Michelinster. Achter het
pand is een terras met weids uitzicht.
22, rue de la Comtesse, naast Hôtel Val d'Este,
Saint-Gervais, tel. 04 50 93 80 50, www.3serac.
fr, menu vanaf € 35

Lokale specialiteiten
Le Torrent
Dit bergrestaurant serveert specialiteiten uit de Savoie in een traditionele
setting met veel hout.
18, rue Ambroise Martin, Megève, tel. 04 50 58
92 21, hoofdgerecht vanaf € 18

 Winkelen

Markt is er in Saint-Gervais op donderdag. Voor een sfeervolle theesalon met
gebak en chocolade ga je in Saint-Gervais
naar **Au Chalet Gourmand** (71, avenue
du Mont d'Arbois, tel. 04 50 47 71 64).
Culinaire souvenirs – kaas, vleeswaren,
wijnen, likeuren, honing – vind je bij
La Ferme Savoyarde (51, avenue du
Mont Paccard, tel. 04 50 93 64 60).

Sport en activiteiten

Wellness
**Les Termes Saint-Gervais Mont
Blanc**
Lekker relaxen? Dat kan in de thermen
van Saint-Gervais. Er worden ook medi-
sche behandelingen gegeven.
355, allee du Docteur Lépinay, Le Fayet, tel. 04
50 47 54 57, www.thermes-saint-gervais.com

Outdoor
Bureau des Guides Megève
Mountainbiken, wandelen, klimmen,
cayoning, wintersport en nog veel meer
kan met de gidsen van Megève.
Maison de la Montagne, 76, rue Ambroise
Martin, Megève, tel. 04 50 21 55 11, www.
guides-megeve.com

Ballonvluchten
Alpes Montgolfière
Het mooiste uitzicht? Stap in een ballon
en zweef over het Mont Blancmassief.
95, routes des Belles, Praz-sur-Arly, ten zuiden
van Megève, tel. 04 50 55 50 60, www.alpes-
montgolfiere.fr

INFO EN EVENEMENTEN

Office de Tourisme Saint-Gervais:
43, rue du Mont-Blanc, tel. 04 50 47 76
08, www.saintgervais.com.
Office de Tourisme Megève: 70, rue
Monseigneur Conseil, tel. 04 50 21 27
28, www.megeve.com.
Office de Tourisme Sallanches: 32,
quai de l'Hôtel de Ville, 04 50 58 04 25,
www.sallanches.com.
**Office de Tourisme Les Contamines-
Montjoie:** 18, route de Notre-Dame-
de-la-Gorge, tel. 04 50 47 01 58, www.
lescontamines.com.
Fête des Guides: folkloristisch evene-
ment met berggidsen als middelpunt,
begin aug. in Saint-Gervais.
Jazz à Megève: jazzfestival met bekende namen, mrt.-apr. in Megève.

IN DE OMGEVING

Chic Megève
Megève (📖 F 4, 3850 inw.) oogt
als een authentiek bergdorp: autovrij,
houten chalets, een oude kerk en kabelbanen naar de omliggende hellingen.
In de winter is Megève een chique
wintersportplaats met dure hotels en
al even dure winkels. Dan gaat het om
skiën en snowboarden, maar meer nog
om zien en gezien worden. In de zomer
is het allemaal wat relaxter. Vanaf het
centrum gaat een lift naar de pistes van
de **Rochebrune** (1754 m) en de **Mont
d'Arbois** (1840 m).

Aan de voet van de Mont Blanc
Sallanches (📖 F 4, 16.000 inw.)
wordt beschouwd als de hoofdstad
van de Mont Blancregio. De toppen
van de Mont Blanc en de Pinte Parcée

Bordjes wijzen de weg in het skigebied van Les Portes du Soleil. En dat is nodig ook, want met 650 km aan pistes zou je bijna verdwalen.

(2752 m) domineren dan ook het decor. Een mooi uitzichtpunt is het 17e-eeuwse **Château des Rubins**. Het in het kasteel gevestigde **Centre de la Nature Montagnarde** (105, montée des Rubins, tel. 04 50 58 32 13, www. centrenaturemontagnarde.org) is gewijd aan de plaatselijke flora en fauna. Vanaf een parkeerplaats langs de A40 ten noorden van Sallanches kun je een korte wandeling maken naar de **Cascade de l'Arpenaz**, een spectaculaire waterval. Ten westen van Sallanches ligt het **Massif des Aravis** (🗺 F 4), een landelijk gebied dat bekendstaat om de verschillende kazen, zoals reblochon, tomme blanche en de chevrotin. In de regio liggen vijf bergdorpen met authentieke architectuur: **La Clusaz**, **Le Grand-Bornand**, **Saint-Jean-de-Sixt**, **Manigod** en **Thônes**.

Alles barok

Het **Sentier du Baroque** (barokroute) is een 20 km lange route die je te voet of per fiets kunt afleggen. Vanuit Combloux gaat de route via Saint-Gervais naar Les Contamines-Montjoie, waarbij je zestien uitbundig gedecoreerde kapellen en barokke kerken passeert.

Les Portes du Soleil 🗺 G/H 2/3

Les Portes du Soleil is een van de grootste skigebieden ter wereld. Je hebt de keuze uit 650 km aan pistes verspreid over Frankrijk en een hoekje van Zwitserland. De uitgestrektheid betekent ook dat je soms lang onderweg bent met skiliften en zelfs skibussen.

Grenzeloos skiën

Twaalf Franse en Zwitserse wintersportoorden hebben de handen ineengeslagen en vormen nu samen één groot skigebied. In Frankrijk zijn dit: Morzine, Montriond, Les Gets, Abondance, Avoriaz, Châtel, La Chapelle d'Abondance en Saint-Jean-d'Aulps. In Zwitserland hebben Champéry, Champoussin, Les Crosets, Morgins, Torgon en Val d'Illiez besloten zich bij de Fransen aan te sluiten. Wat direct opvalt is de uitgestrektheid van het gebied, maar zeker ook dat bijna alle plaatsen zijn ontsnapt aan saaie betonnen hoogbouw. Alleen Avoriaz valt hierbij wat uit de toon.

Abondance is niet alleen de naam van een plaats, maar ook van een mahoniekleurig koeienras én van een pittige halfharde rauwmelkse kaas. Eén keer per week kun je bij Philippe en Annick in **Châtel** gaan kijken hoe de kaas wordt gemaakt. Boeken doe je via het toeristenbureau van Châtel: 14, route de Thonon, tel. 04 50 73 22 44, www.chatel.com.

Het wintersportgebied beschikt over 650 km aan skipistes en meer dan 200 skiliften. Daarbij komen tal van kabelbaantjes en een keur aan uitgaans- en après-skigelegenheden. In de zomer leent de omgeving zich goed voor wandeltochten.

Rondje bergdorpen
Morzine (⌖ G 3) is een charmant bergdorpje (1000 m) gelegen op een strategische positie tussen zes valleien. Ten noorden van Morzine bevindt zich het **Lac de Montriond** en iets verder de waterval **Cascade d'Ardent**. **Les Gets** (1172 m) is een goed vertrekpunt voor wandelingen of ski- en langlauftochten in de omgeving. Let verder op de vele daken van leisteen, wat destijds het 'grijze goud' werd genoemd. **Abondance** is een typisch alpendorp van de Haute-Savoie, waar zowel 's zomers als 's winters van alles te doen is. **Avoriaz** is een moderne wintersportplaats in het hart van Les Portes du Soleil. Het skioord **Châtel** ligt vlak bij de Zwitserse grens en is in de zomer een geschikt vertrekpunt voor wandeltochten.

··
BEZIEПSWAARDIGHEDEП
··

Abdijen en muziekdozen
De **Abbaye d'Abondance** (Abondance, mei-sept. dag., okt. en jan.-apr. ma.-vr. 14-17 uur) is in de 14e eeuw in gotische

stijl gebouwd. De 15e-eeuwse schilderingen vertellen het leven van Maria, maar je ziet ook typische Savooise motieven. Ook de kerk en de kloostergang zijn voorzien van verrassende schilderingen. De **Abbaye Notre-Dame d'Aulps** (Hameau de l'Abbaye, Saint-Jean-d'Aulps, www.valleedaulps.com) werd in 1824 verwoest. Alleen enkele 12e en 13e-eeuwse delen staan nog overeind, waaronder de voorgevel met een bewerkt portaal en een roosvenster. Liefhebbers van muziek en techniek gaan naar het **Musée de la Musique Mécanique** (294, rue du Vieux Village, Les Gets, eind dec.-sept. dag. 14.15-19.15 uur, jan.-apr. za., gesl., juli en aug. vanaf 10.15 uur, www.musicmecalesgets.org). Het museum is gevestigd in het 16e-eeuwse Maison des Soeursklooster en toont een collectie mechanische muziekinstrumenten, muziekdozen en fonogrammen.

··
ETEП, SHOPPEП, SLAPEП
··

 Overnachten

🏠 Alpenchalet
Hôtel La Bergerie
Sfeervol viersterrenhotel met onder meer zwembad, sauna en kinderopvang.
103, route du Téléphrique, Morzine-Avioraz, tel. 04 50 79 13 69, www.hotel-bergerie.com, 2 pk vanaf € 180

🏠 Waar voor je geld
Hôtel Le Kandahar
Driesterrenhotel in een rustige omgeving, treintje naar skipistes, kamers met balkon en badkamer. Sauna en restaurant.
1620, route de la Dranse, Châtel, tel. 04 50 73 30 60, www.lekandahar.com, 2 pk vanaf € 70

🏠 Chalet
Hôtel Les Prodains
Chalet dicht bij Morzine, aan de voet van de kabelbaan van Avoriaz. Met buitenzwembad en restaurant.
Route des Ardoisières, Les Prodains, tel. 04 50 79 25 26, www.hotellesprodains.com, 2 pk vanaf € 71 (halfpension)

Winkelen

Markt is er in Les Gets op donderdag-ochtend. Voor cadeaus, traditionele houten voorwerpen en meubels van sparren- of walnotenhout ga je naar **L'Atelier de Théo** (390, route de Frei-nets, Châtel, tel. 04 50 73 30 86, www.atelierdetheo.com). Liefhebbers van Franse bergkaas zijn meer dan welkom bij **L'Alpage** (337, route de la Plagne, Morzine-Avoriaz, tel. 04 50 79 12 39, www.alpage-morzine.com). Je vindt hier een kaasmakerij, een winkel en een restaurant; rondleiding mogelijk.

 Sport en activiteiten

☺ Op avontuur
Indiana Parc
Klimpark, via ferrata, mountainbiken, parapenten, raften, hydro speed, paintball en nog veel meer.
19, place du Baraty, Morzine, tel. 04 50 49 48 60, www.indianaventures.com

☺ Actief
Star Sky Sports
Tal van activiteiten in de lucht, op het land en in het water. Ook verhuur van mountainbikes in de zomer en ski's en snowboards in de winter.
77, route du Téléphrique, Morzine-Avoriaz, tel. 04 50 79 18 51, www.star-ski.fr

☺ Zwemmen, kanoën, vissen
Lac de Montriond
Dit meer ten noorden van Morzine is een heerlijke bestemming voor een wandeling met het hele gezin. Je kunt vlakbij parkeren en dan rond het meer wandelen. Grasveldjes rondom nodigen uit tot een picknick.

INFO EN EVENEMENTEN

Elk dorp in Les Portes du Soleil heeft een eigen Office de Tourisme. Kijk voor informatie op www.portesdusoleil.com. Vraag ook naar de **Multi Pass**, een kortingspas waarmee je aan zestig activiteiten kunt deelnemen.
La Belle Dimanche: Plaine Dranse, 9 km ten zuiden van Châtel, een zo. eind aug. Traditioneel feest waarbij oude alpengebruiken weer tot leven komen: zegening van het vee en het blazen op de alpenhoorns, markten met oude ambachtelijke producten.

IN DE OMGEVING

Ketelvormig dal
Het **Cirque du Fer-à-Cheval** (🕮 G 3), 13 km ten oosten van Samoëns, zorgt voor prachtige plaatjes. Dit ketelvormige dal (*fer-à-cheval* betekent hoefijzer) in het **Réserve Naturelle de Sixt-Fer-à-Cheval** heeft een doorsnede van 2 km. Klaterende watervalletjes van de rivier de Giffre storten zich van grillige, kalkstenen rotswanden die 500 tot 700 m hoog zijn. Vooral in juni komt hier veel smeltwater van de gletsjers naar beneden. De bergtoppen rond het dal bereiken een hoogte van 3000 m. Het is een ruig en ongerept gebied waar je heerlijk kunt wandelen. Bij de parkeerplaats start een rondje van circa 3 km door het natuurlijke amfitheater. Ook gaat er een bewegwijzerde wandeling van circa een uur naar de Fond de la Combe. Het eind van dit pad wordt ook wel 'Le Bout du Monde' (het einde van de wereld) genoemd. De beste startplek voor een verkenning is het dorpje **Sixt-Fer-à-Cheval** (www.sixteferacheval.com).

Ruige kloof
De rivier de Dranse heeft in de buurt van het dorp **Le Jotty** een diepe 'duivelskloof' uitgesleten, de **Gorges du Pont du Diable** (🕮 G 2, www.lepontdudiable.com, eind apr.-sept. dag. 9.30-18 uur). Via smalle paadjes, bruggetjes en trappen kun je de kloof te voet verkennen. Het water heeft de bemoste rotsen tot allerlei curieuze vormen gekneed. De Pont du Diable, de 'duivelsbrug', is een imposante rotsboog die de kloof op 30 m hoogte overspant.

Savoie

In het departement Savoie, dat grenst aan Italië, stap je een heel andere wereld binnen. Hier wachten alpenweides, diepe dalen, besneeuwde toppen en sfeervolle stadjes als het kuuroord Aix-les-Bains, dat in de zomer profiteert van bijna subtropische omstandigheden. Bedwing op de fiets de Col du Galibier, Col du Glandon, Col de l'Iseran, Col de la Croix-de-Fer of Col de la Madeleine. Verken te voet het nationale park van de Vanoise en ga op zoek naar steenbokken en alpenmarmotten. Of scherp in de winter je skivaardigheden aan op de pistes van Paradiski of Les Trois Vallées.

Aix-les-Bains 🗺 D 5

Een van de bekendste kuuroorden van Frankrijk (30.000 inw.) profiteert van het subtropische klimaat en van het natuurlijke bronwater, dat een heilzame werking zou hebben. Hotels, luxueuze villa's, thermische baden, casino's en aangename parken herinneren aan de belle époque, de periode voor de Eerste Wereldoorlog, toen de Europese elite zich hier liet verwennen.

BEZIENSWAARDIGHEDEN

Rond het centrale stadsplein
De thermische bronnen werden ontdekt door de Romeinen, die hier al in de 2e eeuw een badhuis bouwden. Aan het einde van de 18e eeuw werd het heilzame water herontdekt, waarna Aix uitgroeide tot een decadent kuurstadje. De familie Bonaparte en ook Sisi, de keizerin van Oostenrijk, lieten zich hier regelmatig zien. De **Thermes Nationaux**, een massief art-decogebouw aan de Place Maurice Mollard, was lange tijd het kloppende hart van het

RECREATIEMEER

Aix-les-Bains ligt aan het **Lac du Bourget**, het grootste natuurlijke meer van Frankrijk: 18 km lang en 3,5 km breed. Het langgerekte meer staat via het kanaal van Savières in verbinding met de rivier de Rhône en bereikt in de zomer een aangename temperatuur van 25 °C. Het is dan ook een heerlijke plek om te zwemmen met de kinderen, een bootje te huren of gewoon lekker te luieren. Voor wie van rust houdt: het Lac du Bourget is duidelijk minder toeristisch dan het Meer van Annecy.

kuurstadje. Nu vind je hier onder meer het Office de Tourisme. Voor moderne vormen van wellness wandel je vijf minuten omhoog naar de **Thermes Chevally** (10, route du Revard, www.valvital.fr). Het zwavelhoudende water (rond 36 °C) zou vooral heilzaam zijn bij reumatische klachten. De Place Maurice Mollard was ook in de Romeinse tijd het belangrijkste plein in Aix. Tegenover het vroegere badhuis stond destijds de **Temple de Diana**, een Romeinse tempel die nu is opgenomen in het stadhuis, dat is ondergebracht in een 16e-eeuws kasteeltje. Hier vind je ook het **Musée Lapidaire** (geen vaste openingstijden of entree) met vondsten uit de bronstijd en Gallo-Romeinse beelden, zoals een hoofd van Venus. Aan de andere kant van het plein is de **Arc de Campanus** niet te missen. Deze meer dan 9 m hoge Romeinse boog werd door Lucius Pompeius Campanus opgericht ter ere van enkele overleden familieleden. Dergelijke bogen stonden symbool voor de overgang van de doden naar het hiernamaals.

Dwalen door Aix
Loop vanaf het plein noordwaarts de Rue Davat in en dan langs de kerk, om vervolgens uit te komen bij het **Musée Faure** (10, boulevard des Côtes, tel. 04 79 61 06 57, wo.-zo. 10-12.30 en 13.30-17/18.30 uur). Dit museum, gevestigd in een Italiaanse villa, bezit indrukwekkende collectie schilderijen van de impressionistische school, vooral landschappen en naaktportretten van onder anderen Renoir, Degas, Boudin en Cézanne. Er zijn ook veel beeldhouwwerken te zien, met name van Rodin, die bevriend was met de verzamelaar, de apotheker Faure (1862-1942). Ten westen van de Place Maurice Mollard, dus richting het meer, staat het pompeuze **Casino Grand Cercle** (200, rue du Casino, www.casinograndcercle.com). Het is gevestigd in het Palais de Savoie, een schoolvoorbeeld van de architectuur van de belle époque. Koning Victor Emmanuel II opende het casino in 1850 voor bijeenkomsten, theater- en

dansoptredens, maar bovenal voor het gokken. Opvallend zijn de plafonds, in 1883 gemaakt door de Venetiaanse mozaïekartiest Antonio Salviati, met 3,5 miljoen glazen mozaïekstukjes. Wie geen gokje wil wagen, kan deze pracht en praal ook bekijken tijdens een concert of een rondleiding van het toeristenbureau.

ETEN, SHOPPEN, SLAPEN

⌂ Hartje stad
Hôtel Thermal
Driesterrenhotel met 63 kamers in het hart van de kuurstad. Met wellnessaanbod. In het restaurant worden regionale specialiteiten geserveerd.
2, rue Davat, tel. 04 79 35 20 00, www. hotel-thermal.com, 2 pk vanaf € 54

🍽 Gastronomische verwennerij
Lamartine
Culinaire hoogstandjes en verrukkelijke wijnen in een dorpje aan de zuidkant van het Lac du Bourget. Beloond met één Michelinster.
Route du Tunnel du Chat, Le Bourget du Lac, tel. 04 79 25 01 03, www.lamartine-marin.com, menu vanaf € 33

🛒 Lokale producten
Markt is er op woensdag- en zaterdagochtend op de Place Clemenceau.

🛒 Regionale specialiteiten
Délices Savoyards
Lekkernijen uit de regio, zoals wijn, kaas, likeur en houdbare producten die je prima als souvenir mee naar huis kunt nemen.
315, rue de Genève

🚢 Boottochten
Compagnie des Bateaux
Kies voor een ontspannende boottocht over het Lac du Bourget, het meer aan de voet van Aix. Inschepen in de haven. Ook culinaire en thematische rondvaarten.
Place Edouard Herriot, Le Grand Port, tel. 04 79 63 45 00, www.bateauxdulacdubourget.fr

De Romeinen wisten de thermale bronnen van Aix al te waarderen – de Arc de Campanus staat nog altijd fier overeind.

🚶 Wandelen
In het **Forêt de Corsuet**, een groot bos 2 km ten noorden van het centrum, kun je heerlijke wandeltochten maken. Kies uit routes van 1,5 uur of van 3 uur naar de Grotte des Fées (feeëngrot) en de Croix de Meyrieu.

⛷ Skiën, langlaufen, klimmen
Op de **Mont Revard**, de boven Aix uitrijzende berg, kun je zomer en winter terecht voor tal van activiteiten. Informatie bij het toeristenbureau.

INFORMATIE

Office de Tourisme: Place Maurice Mollard, tel. 04 79 88 68 00, www. aixlesbains-rivieradesalpes.com.

IN DE OMGEVING

Aix ligt aan de voet van de 1537 m hoge **Mont Revard** (🗺 D 5). Een autorit naar de panoramatafel op de top wordt beloond met een prachtig uitzicht op het Lac du Bourget en aan de andere kant het Mont Blancmassief.

De Abbaye d'Hautecombe wordt niet meer bewoond door monniken, maar door een groep devote katholieken. De majestueuze kerk is voor iedereen opengesteld, net als de winkel.

Daarna kun je doorrijden naar het dorp **Le Bourget-du-Lac** (⌘ D 5) aan de zuidkant van het meer. Aan de monding van de rivier de Leysse liggen de resten van het uit de 13e eeuw stammende **Château Thomas II**. Aan de westoever van het meer, 5 km ten zuiden van Saint-Pierre-de-Curtille, pronkt de **Abbaye d'Hautecombe** (3700, route de l'Abbaye, St-Pierre-de-Curtille, www.chemin-neuf.fr, wo.-ma. 10-11.15 en 14/14.30-17 uur). Deze cisterciënzerabdij dateert van de 12e eeuw, de neogotische kerk is in de 19e eeuw herbouwd. In de kerk liggen talrijke leden van het eens machtige Huis Savoie begraven. Met een audiotour kun je de kerk bezoeken, de rest van de abdij wordt bewoond door de Communauté du Chemin Neuf.

Tip voor natuurliefhebbers: ten oosten van Aix-les-Bains ligt het **Réserve Nationale de Bauges**, een ongerept natuurgebied dat nog niet veel door toeristen wordt bezocht. Het reservaat meet 5500 ha en heeft als hoogste berg de **Arcalod** (2217 m). Het gebied staat ook bekend om de lekkere kaassoorten

die er worden gemaakt, waaronder de gruyère en de tomme.

Albertville ⌘ F 5

Albertville (19.000 inw.) bestaat uit de oude middeleeuwse stad Conflans, schilderachtig gelegen op een heuvel, en de nieuwe stad aan de andere kant van de rivier de Arly. Koning Charles-Albert voegde beide delen in 1836 samen tot één stad. Albertville is vooral bekend vanwege de 16e Olympische Winterspelen die hier in 1992 plaatsvonden. Ook nu nog heet Albertville sporters van harte welkom.

BEZIENSWAARDIGHEDEN

Conflans
Via de Porte de Savoie stap je het historische deel van de stad binnen. Tot eind 17e eeuw was dit het centrum van Albertville. De sfeervolle, smalle

straatjes met veel bloembakken leiden naar het centrale plein, waar enkele gezellige restaurantjes en cafés wachten op bezoekers. Oude werkplaatsen van handwerkslieden met uithangborden fungeren nu als galerie.

In een middeleeuws stadspaleis aan het centrale plein is het **Musée d'art et d'histoire** (Grande Place, tel. 04 79 37 86 86, wo.-zo. 10-12.30 en 13.30-18 uur, schoolvakanties dag.) gevestigd. Hier leer je alles over de geschiedenis en de artistieke uitingen van Albertville. Boven dit alles uit steken de torens van het 16e-eeuwse **Château Manuel de Locatel** (enkele dagen per jaar geopend, informeer bij het Office de Tourisme). Blikvanger binnen is een in de 18e eeuw beschilderd plafond.

Olympische Spelen

Buiten het historische centrum hebben de Olympische Winterspelen van 1992 verschillende sporen nagelaten. De **Place de l'Europe** is een langgerekt plein vlak bij de rivier dat speciaal voor de Spelen werd aangelegd. Opvallend is het in Italiaanse stijl gebouwde grote Dôme Theatre, voorzien van een koperen koepel. Op een steenworp afstand ligt het **Maison des Jeux Olympiques** (11, rue Pargoud, tel. 04 79 37 75 71, www.maisonjeuxolympiques-albertville. org, di.-za. 10-12, 14-18 uur, juli-aug. ook ma. en zo.-middag). Hier leer je alles over de geschiedenis van de wintersporten en over de rol van Albertville daarin. Het **Parc Olympique** ligt aan de zuidwestrand van de stad. Na de Spelen is op het olympisch terrein een groot aantal sportaccommodaties achtergebleven, met natuurlijk een ijsbaan. Een toren markeert de plek waar het (tijdelijke) stadion voor de openings- en sluitingsceremonie stond.

ETEN, SHOPPEN, SLAPEN

🏠 Klassiek decor
Hôtel Million
Mooi, klein driesterrenhotel in een oud herenhuis met sfeervolle kamers en een

uitstekend restaurant met terras. Er worden ook kookcursussen aangeboden.
8, place de la Liberté, tel. 04 79 32 25 15, www.hotelmillion.com, 2 pk vanaf € 115

🍽 In de oude stad
Brasserie du Vieux Bourg
Traditionele, verse familiegerechten, mooi terras met uitzicht over het plein.
6, place de Conflans, tel. 04 79 32 49 47, hoofdgerecht vanaf € 13

🍽 Fondue en meer
Auberge de Venthon
Een paar kilometer buiten Albertville, aan de voet van de bergen. Lokale gerechten. Ook kamers.
245, route de la Mairie, tel. 04 79 38 52 45, formule € 24

🏪 Weekmarkt
Markt is er woensdagochtend in het Parc du Val des Roses en zaterdagochtend op de Place Grenette.

🌐 Actief
Het toeristenbureau heeft een overzicht van alle **wandel- en fietsroutes**. Voor wintersporten, parapenten, mountainbiken en helikoptervluchten ga je naar **Les Volatiles Sport 2000** (196, avenue des Jeux Olympiques, Hauteluce, tel. 04 79 38 95 54, www.les-volatiles.com).

De Olympische Winterspelen van 1992 waren zeer duur, maar hebben Albertville ook veel opgeleverd: de stad werd over de hele wereld bekend en de infrastructuur en sportfaciliteiten werden grondig gemoderniseerd. Ook Nederland en België waren op deze Spelen vertegenwoordigd. De medailleoogst was verdienstelijk: één maal goud (Bart Veldkamp), één maal zilver (Falko Zandstra) en twee maal brons (Leo Visser).

5

Wintersportparadijs – **Paradiski, Val d'Isère en Tignes**

Veel toeristen kennen de Franse Alpen alleen bedekt met een laagje sneeuw. En dat is niet zo vreemd: hier liggen enkele van de grootste skigebieden van de wereld! La Plagne en Les Arcs presenteren zich samen onder de naam Paradiski. Iets verderop heb je de keuze uit de pistes van Val d'Isère en Tignes.

Paradiski

De dorpen Arc 1600, Arc 1800, Arc 1950 en Arc 2000 worden samen **Les Arcs** genoemd. De namen geven de hoogte aan waarop de dorpen liggen. Arc 1800 is de grootste van de drie en biedt de beste après-skimogelijkheden. Arc 1950 is het laatst aangelegd. Door het samenvoegen van de gebieden **La Plagne** en Les Arcs ontstond in 2003 het grote skigebied **Paradiski**. De **Vanoise Express**, waarvan de cabines tweehonderd personen kunnen vervoeren, verbindt beide gebieden met elkaar. Daarmee kan Paradiski de concurrentie aan met supergebieden als Les Trois Vallées en Les Portes du Soleil. Grootste troeven: ongeveer 425 pistekilometers, twee gletsjers boven de 3000 m en 230 pistes. Topper is de afdaling van de **Aiguille Rouge**, het hoogste punt van Les Arc, bereikbaar met een kabelbaan. Bezoek zeker ook de **Grotte de Glace** 1 in **Bourg-Saint-Maurice**, een ijsgrot op 2600 m hoogte. In een 70 m lange tunnel, eindigend in een ondergrondse zaal, zie je in de winter prachtige sculpturen van sneeuw en ijs.

Voordeel van een groot skigebied: ook voor speciale doelgroepen als kinderen, beginners en mindervaliden zijn er volop mogelijkheden.

Val d'Isère en Tignes

Ten zuiden van Les Arcs ligt nog eens 300 km aan pistes bij Val d'Isère en Tignes. Beide wintersportplaatsen sluiten op elkaar aan, maar zijn totaal verschillend qua sfeer. Tignes heeft net als vele andere Franse stations veel hoogbouw, maar je kunt wel alle kanten op en je skiet zo door naar je appartement. Val d'Isère daarentegen is een authentiek bergdorp, met nieuwbouw in bijpassende chaletstijl. Pluspunten van beide gebieden: sneeuwzekerheid (op de hoogste hellingen kun je het hele jaar skiën en boarden), volop mogelijkheden voor gevorderde wintersporters en een bruisende après-ski. Minpuntjes: minder goed bereikbaar, voor kinderen zijn er weinig mogelijkheden én alles is behoorlijk aan de prijs.

En in de zomer?

Buiten het winterseizoen is het hier een stuk stiller en, toegegeven, zonder de witte laag zien sommige hellingen er ineens erg kaal uit. Maar juist dan kun je hier wel in alle rust wandelen, kajakken, mountainbiken, zwemmen, parapenten, rotsklimmen en nog veel meer. In juli bruist het in Les Arcs dankzij het folklorefestival **Fêtes de l'edelweiss** en op 15 augustus vindt in Tignes het **Fête de Lac** plaats, afgesloten met vuurwerk boven het meer.

S
SKIËN

Het skigebied is erg groot, dus keuzes maken is onvermijdelijk. Les Arcs ligt grotendeels boven de 2000 m en is sneeuwzeker, met veel rode en zwarte pistes. Beginners gaan beter naar La Plagne, hoewel je hier ook prachtig off-piste kunt skiën. Ook het skigebied van Tignes-Val d'Isère ligt hoog en is dus sneeuwzeker. Vooral gevorderden komen hier aan hun trekken – als ze hun creditcard meenemen.

INFO EN OPENINGSTIJDEN
Office de Tourisme: 105, place de la Gare, Bourg-Saint-Maurice, tel. 04 79 07 12 57, www.lesarcs.com, www.tignes.net, www.valdisere.com, www.paradiski.com.
Grotte de Glace ■: www.grottede glace.com, alleen in de winter geopend.

ETEN EN DRINKEN
Voor een levendige après-ski zit je goed in alle genoemde wintersportplaatsen, maar in Arc 1800 is het meeste te doen. In sommige plaatsen zijn livebands te beluisteren, zoals in het **Ambiente café** ❶ (Place Basse des Villards, Arc 1800) en in **Les Belles Pintes** ❷ (Le Hameau du Glacier, Arc 1950), een populaire Ierse pub annex restaurant.

ACTIVITEITEN
De regio nodigt uit tot een keur aan sportieve activiteiten. Via

Arc Aventures ❶ (Arc 1800, tel. 04 79 07 60 00, www.arc-aventures.com) kun je in de winter skiën, snowboarden, langlaufen en op pad met een sneeuwscooter; in de zomer kun je kajakken, raften, klimmen en mountainbiken.

Paradiski, Val d'Isère en Tignes

0   10 km

❶ Info
Maison du Tourisme: 11, rue Pargoud,
tel. 04 79 32 04 22, www.pays-albert-
ville.com.

....

IN DE OMGEVING

....

Kaas
Beaufort (🗺 F 5), een dorp 20 km
ten oosten van Albertville, staat bekend
om zijn heerlijke kazen. De beaufort
wordt gemaakt van rauwe melk van
koeien die grazen boven de 1500 m.
Het is een harde kaas met een soepele,
romige kaasmassa – denk aan gruyère.
Bij **La Coopérative Latière du Beau-
fortain** kun je de kaasmakerij bezoeken
(234, avenue du Capitaine Bulle, Beau-
fort-sur-Doron, tel. 04 79 38 33 62,
www.cooperative-de-beaufort.com).

Chambéry 🗺 D 6

**Chambéry ligt heel strategisch
tussen twee belangrijke dalen. Dat
verklaart ook de aanwezigheid van
een machtig kasteel: hiervandaan
regeerden de graven en hertogen
van Savoie over hun grondgebied.
Grootste trekker van de stad is
het prachtig gerestaureerde oude
centrum, waar je heerlijk door de
sfeervolle straten kunt dwalen.**

....

BEZIENSWAARDIGHEDEN

....

Kasteel en kathedraal
Van de 13e tot in de 16e eeuw was
Chambéry de hoofdstad van het
graafschap Savoie. De graven en later
hertogen resideerden in het **Château
des Ducs de Savoie** (Place du
Château, tel. 04 79 70 15 94, artethis
toire@mairie-chambery.fr, rondleidingen
mei-sept. dag. diverse keren, okt.-apr.
doorgaans za. en zo. 14.30 uur), dat
nog altijd opdoemt aan de rand van
het oude centrum. Het kasteel dateert
van de 14e en 15e eeuw en is in de
18e eeuw gerestaureerd en verbouwd.

Drie torens zijn nog middeleeuws. Het
kasteel fungeert nu als bestuurscentrum
van het departement Savoie. Er zijn regelmatig rondleidingen (startpunt Hôtel
de Cordon CIAP, 71, rue Saint Réal)
langs verschillende zalen, torens en de
Sainte-Chapelle, een gotische kapel met
een barokke façade. De klokkentoren
bevat maar liefst zeventig bronzen
klokken, die samen 41 ton wegen.
Vanaf het kasteel leidt de Rue de
Boigne naar de **Place Saint-Léger**,
een langgerekt plein met fraaie gevels,
een fontein en tal van terrasjes. Vanaf
hier rijdt een toeristentreintje (www.
le-petit-train-touristique.com/cham
bery) langs alle hoogtepunten van de
stad. Bij de fontein wijst een bordje
de weg naar de **Cathédrale Saint-
François-de-Sales** (Place Métropole,
dag.). De voormalige kloosterkerk van
de franciscanen werd gebouwd in de
15e en 16e eeuw en staat bekend als
'Métropole'. De façade oogt sober, zoals
dat hoorde bij de franciscanen. Binnen
is vooral de trompe-l'oeil op de muren
en gewelven indrukwekkend: het lijkt op
gedetailleerd beeldhouwwerk, maar is
geschilderd. De kerkschat omvat onder
meer een 10e-eeuws ivoren tweeluik.

Fontein en musea
Aan de noordkant eindigt de Rue de
Boigne bij de **Fontaine des Éléphants**
(Olifantenfontein). Deze markante
fontein werd in 1838 gebouwd voor
generaal Benoît de Boigne (1751-1830).
Hij had een fortuin vergaard in India
en investeerde een deel daarvan in
zijn geboorteplaats Chambéry. De
olifanten zijn geplaatst in de vorm van
een Savoois kruis en ondersteunen een
boomstam waarop de generaal staat.
Op een paar stappen van de fontein
illustreert het **Musée Savoisien** (Place
Lannoy de Bissy, tijdelijk gesloten
wegens renovatie, www.musee-savoi
sien.fr) de turbulente geschiedenis
van de Savoie. Het is gehuisvest in
een voormalig franciscanenklooster en
beschikt over archeologische collecties
uit de prehistorie en de Gallo-Romeinse
tijd, en traditionele meubels, kleding,

munten en andere voorwerpen uit de streek. Ook is er een verzameling middeleeuwse religieuze en niet-religieuze kunstwerken.

Het **Musée des Beaux-arts** (Place du Palais de Justice, tel. 04 79 33 75 03, www.chambery.fr/88-les-musees.htm, di.-zo.10-18 uur) bezit een indrukwekkende collectie schilderingen van Italiaanse en Franse meesters uit de renaissance en de barok. Ook zijn er beeldhouwwerken, porselein en tijdelijke tentoonstellingen te zien.

ETEN, SHOPPEN, SLAPEN

🏠 Boerderij uit de 18e eeuw
La Ferme du Petit Bonheur
B&B met vijf sfeervolle kamers (veel hout) en prachtige tuin met uitzicht op de Combe de Savoie; tien minuten te voet naar de stad.
538, chemin Jean-Jacques, tel. 04 79 85 26 17, 2 pk vanaf € 90

🍽 Heerlijk genieten
Ô Pervenches
Gastronomisch restaurant in rustige omgeving met bijbehorend tweesterrenhotel. Op 200 m van het huis van Jean-Jacques Rousseau.
600, chemin des Charmettes, tel. 04 97 33 34 26, www.opervenches73.fr, menu vanaf € 29

🍽 Levendig
O'Cardinal'S
Café-restaurant-pub met betaalbare gerechten, waaronder verschillende salades en een dagschotel. Terras op het plein bij de kathedraal.
5, place Métropole, hoofdgerechten vanaf € 11

🛒 Weekmarkt
Markt is er alle dagen behalve maandag. Belangrijkste locaties: in en rond Les Halles (Place de Genève) en de Place du Palais de Justice.

🥾 Wandelen
Chambéry heeft een ideale ligging voor stevige wandeltochten: tussen de vallei van de Combe de Savoie, het meer

Een tropische verrassing in Chambéry: olifanten die water spuiten uit hun slurf ...

van Aiguebelette en de hooglanden van de Chartreuse en Les Bauges. Een korte wandeling leidt naar het huis van Jean-Jacques Rousseau net buiten Chambéry.

🚲 Fietsen
Voor het huren van fietsen, kinderfietsen en e-bikes kun je terecht bij **Vélostation** (Parc du Verney, tel. 04 79 96 34 13, www.velostation-chambery.fr). Daarmee kun je bijvoorbeeld over een fraai fietspad van Chambéry naar het Lac du Bourget fietsen (25 km heen en terug). Informatie bij het toeristenbureau.

ℹ Info
Office de Tourisme: 5 bis, place du Palais de Justice, tel. 04 79 33 42 47, www.chambery-tourisme.com.

IN DE OMGEVING

Zwemmeer
Het **Lac d'Aiguebelette** (🗺 C 6, www.lac-aiguebelette.com) is een klein meer 15 km ten oosten van Chambéry – toch is dit het op twee na grootste natuurlijke meer van Frankrijk.

De watertemperatuur kan in de zomer oplopen tot 28 °C, dus heerlijk om een duik te nemen. Motorboten zijn niet toegestaan, waardoor het er rustig is vergeleken met andere grote meren in de omgeving. Rond het meer zijn fiets- en wandelpaden. Op de route naar de Col de l'Epine heb je vanaf verschillende plekken een fraai uitzicht op het meer.

Natuur

Tussen Chambéry en Grenoble ligt het **Massif de la Chartreuse**, waar in 1995 een regionaal natuurpark is gevormd, het **Parc Naturel Régional de Chartreuse** (🛈 C/D 6/7). Het 69.000 ha grote gebied beschikt over meer dan 700 km aan gemarkeerde wandelpaden. Er zijn veel diepe grotten, zoals bij de **Dent de Crolles**. Bijzonder zijn ook de uitzichten bij de **Col du Granier** (1134 m), de route naar Saint-Pierre-de-Chartreuse, de **Gorges du Guiers Mort** en de **Belvédère du Charmant Som** (1867 m). Bezoek voor meer informatie het Maison du Parc (Place de la Mairie, Saint-Pierre-de-Chartreuse, tel. 04 76 88 75 20, www.parc-chartreuse.net).

Saint-Jean-de-Maurienne 🛈 E 7

Dit stadje (8900 inw., 567 m) is de grootste plaats in het dal van de rivier de Maurienne. Net als voor verschillende andere dorpen en stadjes in de Alpen geldt ook hier: de natuur rondom is mooier dan de plaats zelf. Toch beschikt ook dit stadje over enkele culturele bezienswaardigheden die een tussenstop rechtvaardigen.

BEZIENSWAARDIGHEDEN

Rond de Place de la Cathédrale

Niet te missen in het hart van het stadje is een vierkante **romaanse toren** uit de 11e eeuw. Tot 1832 maakte deze toren deel uit van de Église Notre-Dame, de kerk die ernaast staat. De **Cathédrale Saint-Jean-Baptiste** daar weer naast vertoont een bonte mix van bouwstijlen. Vanaf de buitenkant lijkt het op een klassieke tempel met drie grote poorten.

Mooie plaatjes verzekerd: de 2062 m hoge top van de Dent de Crolles in het Parc Naturel Régional de Chartreuse.

Alpenpassen en steenbokken – **Parc National de la Vanoise**

Samen met het aangrenzende Italiaanse Nationale Park Gran Paradiso vormt het Parc National de la Vanoise het grootste aaneengesloten beschermde natuurgebied van West-Europa. Het park ligt op een hoogte van tussen de 1250 en 3855 m en staat bekend om de vele toppen, de gletsjers en de waardevolle alpennatuur.

Parc National de la Vanoise is het oudste nationale park in Frankrijk. Het bestaat sinds 1963 en was vooral bedoeld om de oprukkende skipistes een halt toe te roepen en de kwestbare bergnatuur te beschermen.

Steenbok

De steenbok is uitgegroeid tot hét symbool van het park. In 1963 ging het heel slecht met deze majestueuze bergdieren, maar inmiddels leven er weer zo'n 2100 exemplaren. Het aantal gemzen is zelfs opgelopen tot 6000. Daarnaast komen er hazen, marters, hermelijnen, steenarenden en lammergieren voor. Ook de wolf is terug, maar die laat zich zelden zien. De Pyrenese berghond beschermt de schaapskuddes in en rond het park.

Ook de plantenwereld kent een grote rijkdom: er zijn meer dan 1200 soorten geteld, waarvan er 107 officieel worden beschermd. Bijzondere bloemen zijn onder meer de alpenakelei, de tweekleurige laïche en de blauwe chardondistel.

Wandelen

Langs de randen van het nationale park is er ruimte voor bijvoorbeeld skipistes, maar in het centrale deel krijgt de natuur voorrang. Net als wandelaars: circa 400 km aan wandelroutes is gemarkeerd, waaronder de langeafstandsroutes GR5 en Via Alpina. Er zijn korte routes voor kinderen en lange routes voor ervaren bergwandelaars. Van 1 juni tot 30 oktober zijn de paden doorgaans te belopen, maar ook dan kan er soms sneeuw liggen.

Toegang tot het nationale park is gratis, maar er gelden wel strenge regels. Zo zijn alleen wandelaars en klimmers overal welkom. Auto's mogen alleen op de doorgaande wegen en mountainbikers moeten zich beperken tot enkele paden. De hond mag helemaal niet mee, zelfs niet aangelijnd. Rust verzekerd dus!

Je kunt ze overal tegenkomen: steenbokken, hét symbool van het park. Inmiddels zijn er meer dan tweeduizend!

Overnachten in het park? Je hebt de keuze uit gîtes d'étape, refuges (berghutten), chalets, hotels, B&B's en campings. Kijk voor een overzicht van de refuges op www.vanoise-parcnational.fr en zoek op 'les refuges dans le parc'. Of informeer bij de toeristenbureaus.

Via www.vanoise-parcnational.fr kun je brochures met wandelroutes downloaden (zoek onder 'La randonnée pédestre'). Daarnaast is het altijd verstandig een gedetailleerde kaart mee te nemen.

Alpenpas

De **Col de l'Iseran,** de hoogste verharde pas in de Alpen (2764 m), is alleen tussen juli en eind september sneeuwvrij en open. De Franse president Albert Lebrun opende de bergpas in 1937. Dit betekende het einde van de isolatie van het gebied en het begin van het toerisme. De route verbindt het meer van Genève met de Côte d'Azur via de dalen van de Tarentaise en de Maurienne. Tegenwoordig maken 's zomers veel fietsers, motorrijders en automobilisten de 17 km lange klim naar de top. Ook vanaf de **Belvédère de Tarentaise** (2528 m) in het noorden en de **Belvédère de la Maurienne** (2503 m) in het zuiden is het uitzicht spectaculair (▶ blz. 64).

Bergdorp

Het prachtige oude bergdorp **Bonneval-sur-Arc** (255 inw.) ligt een stukje zuidelijker in een afgelegen vallei. Vroeger was dit dorp 's winters door lawines regelmatig afgesloten van de wereld. Rondom liggen verschillende met gletsjers bedekte drieduizenders. De **Glacier des Sources de l'Arc** heeft zijn oorsprong in de rivier de Arc.

Prehistorie

Gravures in de rotsen tonen aan dat hier al sinds de jonge steentijd (vanaf 11.000 v.Chr.) mensen woonden, soms op hoogtes tot 3000 m. Later, in de ijzertijd, trokken er mensen over de alpenpassen. Bij **Lanslevillard** bevindt zich de **Pierre aux Pieds**, een rots met 82 mysterieuze voetafdrukken, alle georiënteerd naar het oosten, en tachtig kommetjes, waarschijnlijk gemaakt in de jonge steentijd.

Keteldalen en gletsjers

Ten noordwesten hiervan, bij het dorp **Pralognan-la-Vanoise**, kun je prachtig wandelen bij enkele keteldalen, zoals het **Cirque de Génépy** en het **Cirque de la Valette**. Een gemarkeerd pad langs verlaten stenen bouwwerken leidt naar het dal en de gletsjers. Schapen en gemzen grazen op de stille weiden. De gletsjers strekken zich uit over een oppervlakte van 30 km² op een hoogte tussen 2670 en 3586 m.

INFORMATIE

Kijk voor informatie op www.vanoise-parcnational.fr (alleen in het Frans). In het **Maison de la Vanoise** (Place de la Vanoise, tel. 04 79 20 51 67, Termignon-la-Vanoise) is een permanente tentoonstelling over het nationale park ingericht. Verder zijn er zes informatiepunten en een groot aantal Offices de Tourisme.

OPENBAAR VERVOER

Moûtiers, Bourg-Saint-Maurice en Modane zijn per trein bereikbaar. Bussen gaan onder andere naar Bonneval-sur-Arc, Méribel, Pralognan-la-Vanoise, Champagny-en-Vanoise.

ETEN EN DRINKEN

Veel hotels en andere overnachtingsplekken beschikken over een restaurant of een andere plek om wat te eten of te drinken. Schuif bijvoorbeeld aan in **Hôtel de la Vanoise** ❶ (Pralognan-la-Vanoise, tel. 04 79 08 70 34, www.hoteldelavanoise.fr) of in **Refuge d'Avérole** ❷ (2210 m, Alpes Grées-Charbonnel, Haute-Maurienne, tel. 04 79 05 96 70, http://refugedaverole.ffcam.fr/).

Uitneembare kaart: F/H 6/7

59

Daarachter wacht een complex dat teruggaat tot de 11e eeuw. Onder de vloer ligt een romaanse crypte uit de beginperiode, die pas in 1958 werd ontdekt. In de kerk zelf staan houten koorstoelen uit de 15e eeuw. De 19e-eeuwse glas-in-loodramen beelden een 6e-eeuwse legende rond de heilige Johannes uit, waar de naam van het stadje vandaan komt: de heilige Thècle, een vrouw uit de omgeving, reisde naar het graf van Johannes de Doper in Alexandrië en zou zijn vingers hebben meegenomen en als relikwieën aan de kerk hebben geschonken. Bekijk zeker ook de sfeervolle kloostergang (omstreeks 1450) achter de kathedraal. Het voormalige bisschoppelijk paleis tegenover de kathedraal staat nu bekend als het **Ancien Evêché**. In dit gerestaureerde paleis bevinden zich nu het toeristenbureau en het **Musée des Costumes, Arts et Traditions Populaires** (Place de la Cathédrale, tel. 04 79 83 51 51, www.saintjeandemaurienne.com, juli-half sept. ma.-za. 10-12, 14-18 uur, daarbuiten school-vakanties ma.-vr. 14.30-17.30 uur). Binnen zijn archeologische vondsten en traditionele kostuums te zien.
In alle Franse supermarkten en sport-winkels zijn ze te vinden: de bekende zakmessen van het merk Opinel. Alles over dit Savoise mes leer je in het

Musée de l'Opinel (25, rue Jean Jaurès, tel. 04 79 83 23 46, www.opinel-musee. com, juli-aug. dag. 9-18.30, daarbuiten ma.-za. 9-18.30 uur). Het museum toont het productieproces en de geschiedenis vanaf de oprichting door Joseph Opinel in 1890. En natuurlijk zijn er messen te koop.

ETEN, SHOPPEN, SLAPEN

🛏 Centraal en comfortabel
Hôtel Saint-Georges
Driesterrenhotel in het centrum, met speciale faciliteiten voor wielertoeristen.
334, rue de la République, tel. 04 79 64 01 06, www.hotel-saintgeorges.com, 2 pk vanaf € 82

🛏 In de natuur
Camping des Grands Cols
De naam zegt het al: de ideale uitvalsbasis voor het verkennen van de omliggende cols. Er zijn ook fietsen en stacaravans te huur.
422, avenue du Mont-Cenis, tel. 04 79 64 28 02, www.campingdesgrandscols.com

🏪 Weekmarkt
Markt is er op zaterdagochtend op de Place de la Cathédrale.

🔄 Wandelen en klimmen
Meer dan 2000 km aan wandelpaden vind je in het dal van de Maurienne, van GR-routes tot korte rondjes voor het hele gezin. Ook voor klimmers zijn er routes uitgezet, waaronder enkele via ferrata. Kijk op de website van het Office de Tourisme voor een kleine selectie.

🔄 Fietsen
Fanatieke klimmers kunnen kiezen uit een flink aantal cols. Het dal zelf laat zich prima per mountainbike verkennen.

INFO EN EVENEMENTEN

Office de Tourisme: Place de la Cathédrale, Saint-Jean-de-Maurienne, tel. 04 79 83 51 51, www.saintjeande maurienne.com.

BEROEMDE COLS

Bij wielertoeristen is Saint-Jean-de-Maurienne een bekende naam: op fietsafstand verheffen zich legendarische cols als de **Col du Galibier**, **Col du Glandon**, **Col de l'Iseran**, **Col de la Croix-de-Fer** en **Col de la Madeleine**. Dat ver-klaart meteen waarom Saint-Jean verschillende keren als start- en aankomstplaats van de Tour de France heeft gefungeerd. Let in de zomer dus goed op of het peloton misschien in de buurt is!

De snelstromende Isère, een stenen brug, het bisschoppelijk paleis, bergen op de achtergrond – een karakteristiek beeld van Moûtiers.

Fête de la Saint-Jean: muziek en theater in juni.
Fête du pain: begin aug., feest rond het bakken van brood: met muziek, een ambachtenmarkt en traditionele gerechten.

IN DE OMGEVING

Bergpas
Een mooie wandeling leidt naar de **Col de la Croix-de-Fer** (🛏 E 7), een bergpas op 2068 m hoogte, en verder naar het plaatsje **Rochetaillée**. Het kronkelende pad leidt je langs spectaculaire uitzichten en kleine afgelegen bergdorpen.

Moûtiers 🛏 F 6

Moûtiers (3700 inw., 481 m) bestond al in de Romeinse tijd onder de naam Darantasia. De naam van het omliggende dal, **Tarentaise,**

herinnert hier nog aan. Het is een aardig plaatsje om doorheen te struinen: diverse restanten uit het verleden doemen op langs de oevers van de de Isère. Enkele kilometers noordelijker ligt de Mont Jouvet (2554 m). Ook het Parc National de la Vanoise en het skigebied Les Trois Vallées liggen vlakbij.

BEZIENSWAARDIGHEDEN

Langs de Isère
De rivier de Isère stroomt dwars door het hart van Moûtiers. Een imposante stenen brug uit 1785 en een smalle overdekte *passerelle* verbinden beide delen met elkaar. Het **bisschoppelijk paleis** (23, place Saint-Pierre, www.coeurdetarentaise-tourisme.com, ma.-za. 9-12, 14-18.30 uur) pal aan de oever herbergt twee traditionele musea. Het **Musée d'Histoire et d'Archéologie** illustreert de geschiedenis van de streek vanaf de prehistorie.

Het **Musée des Traditions Populaires** is gewijd aan het dagelijks leven op het platteland in en rond Moûtiers. Ook voor de herinneringen aan de Tweede Wereldoorlog is een plekje vrijgemaakt. De rode toren hoort bij de **Cathédrale Saint-Pierre**. Het koor en de apsis zijn restanten van een romaanse kerk uit de 11e eeuw. De rest is het resultaat van een grondige restauratie in de 19e eeuw. Binnen zie je middeleeuwse kunstvoorwerpen, zoals een houten mariabeeld uit de 13e eeuw en een bewerkte houten bisschopszetel. Een beeldengroep uit de 14e eeuw stelt de graflegging van Christus voor.

ETEN, SHOPPEN, SLAPEN

🏠 Hartje stad
Hôtel Le Welcome's
Tweesterrenhotel in het centrum, ideale uitvalsbasis voor verkenningen van de omgeving. In het restaurant komen traditionele streekgerechten op tafel.
33, rue Greyffié de Bellecombe, tel. 04 79 24 20 06, www.hotel-welcomes-73.com, 2 pk vanaf € 65

🛒 Weekmarkt
Markt is er op dinsdag en vrijdag van 8-13 uur op de Place du Marché.

♺ Actief
Kajakken, raften en andere watersporten kan via **Moûtiers Canoë Kayak** (Rue de l'Electricité, www.moutiers canoekayak.fr). In **Centron** even ten noorden van Moûtiers heeft **franceraft** (Base de loisir, tel. 04 79 55 63 55, www.franceraft.com) een nog breder aanbod, van spannende watersporten tot klimmen, mountainbiken en parapenten.

INFO EN EVENEMENTEN

Office de Tourisme Coeur de Tarentaise: 80, square de la Liberté, tel. 04 79 04 29 05, www.coeurdetarentaise-tourisme.com.

Festival baroque de Tarentaise: barokke concerten en kunstexposities in diverse kerken en kapellen in het dal van de Tarentaise, juli-aug., www.festivaldetarentaise.com.

IN DE OMGEVING

Wintersport
In het Massif de la Vanoise ligt het uitgestrekte wintersportgebied **Les Trois Vallées**. De cijfers zijn indrukwekkend: circa 400 km² groot, ruim 600 km aan pistes, een hoogste top van 3300 m, 42 gondelliften, 68 stoeltjesliften en 85 sleepliften. De belangrijkste plaatsen zijn **Val Thorens**, **Courchevel**, **Méribel**, **Les Ménuires** en **La Tania**. De sneeuwcondities zijn meestal goed en zowel voor beginners als gevorderden zijn er volop mogelijkheden – hoewel beginners misschien beter een goedkopere bestemming kunnen kiezen. Chic en duur is zeker **Val Thorens** (🗺 F 7), gelegen op 2300 hoogte en daarmee het hoogste skiresort van Europa. Hier is alles aanwezig om je een week lang te vermaken. Omdat een groot deel van het skiegebied boven de boomgrens ligt, zijn er volop mogelijkheden voor off-piste skiën, zonder de begroeiing te beschadigen. Daarnaast is er een snowboardpark met een grote halfpipe. Diverse restaurants en cafés staan garant voor een levendige après-ski. Verder zijn er een zwembad en een bowlingbaan. Het wintersportseizoen wordt afgesloten met de beruchte 'Dutchweek'. Half december begint het winterseizoen weer.

Natuurgebied
In het dal van Méribel, bij het dorp **Mottaret**, ligt een bijzonder natuurgebied: het **Réserve Naturelle du Plan de Tuéda** (🗺 F 7). Het strekt zich uit tussen de gletsjer van Gébroulaz (2137 m) en het meer van Tuéda. Je kunt er prachtige wandelingen maken door een decor van rotsige hellingen, hooggelegen moerassen, bossen en alpenweiden.

Langs kerken en bergdorpen – **Maurienne en Tarentaise**

7

Twee dalen tekenen deze autoroute. Maurienne is de naam van een 125 km lange vallei die door de rivier de Arc is uitgesleten. Het dal van de Tarentaise is gevormd door de rivier de Isère en loopt van Albertville tot aan de Col de l'Iseran.

Het dal van de Maurienne is sinds mensenheugenis een belangrijke doorgangsroute. Hannibal trok hier met zijn olifanten over de Alpen. Ten noorden hiervan ligt het dal van de Tarentaise. Een verkenning van beide dalen neemt je mee langs spectaculaire bergweggetjes, afgelegen bergdorpen en middeleeuwse kerkjes.

L
LENGTE

Romeinse resten

Volg vanuit **Moûtiers** (▶ blz. 61) de N90 richting Bourg-Saint-Maurice (27 km). In **Aime** kun je in de 14e-eeuwse **Chapelle Saint-Sigismond** een expositie over de Gallo-Romeinse tijd bekijken. De romaanse **basiliek van Saint-Martin** 1 stamt uit de 11e eeuw en is gebouwd op de fundamenten van een Romeinse tempel. Ook **Bourg-Saint-Maurice** heeft Romeinse roots – nu draait hier alles om de wintersport (▶ blz. 52).

De lengte van deze autorit is circa 275 km, maar over de bochtige bergweggetjes kun je niet hard rijden. De duur is afhankelijk van de snelheid en het aantal stops onderweg. Alleen tussen juli en eind september is de route sneeuwvrij.

Verschillende kapellen in de regio zijn versierd met schilderingen die de bijbelverhalen illustreerden voor gelovigen die niet konden lezen. Hier de Onbevlekte Ontvangenis van Maria in een kapel in Lanslevillard.

63

Hoogste alpenpas

Neem voorbij **Séez** de D902 langs de grens met Italië. Via **Sainte-Foy-Tarentaise**, ook een wintersportstation, rijd je langs het **Lac du Chevril**. Aan weerszijden doemen hoge bergtoppen met gletsjers op: rechts de **Mont Pourri** (3779 m), links de **Aiguille de la Grande Sassière** (3747 m).

Nabij de befaamde wintersportplaats **Val d'Isère** slingert de weg met tal van haarspeldbochten naar de **Col de l'Iseran** (2764 m), de hoogste pas van de Alpen. Vanaf de **Belvédère de Tarentaise** (2528 m) in het noorden en de **Belvédère de la Maurienne** (2503 m) in het zuiden is het uitzicht spectaculair.

B
BAROK

Maak onderweg zeker tijd vrij voor de vele uitbundig versierde barokke kerken. Ze werden gebouwd ten tijde van de reformatie, toen het protestantisme steeds meer voet aan de grond kreeg. Door de extravagante pracht en praal moesten de gelovigen worden behouden voor de katholieke kerk. De weelderige ornamenten, het bladgoud, het marmer en de talrijke beelden en schilderingen van engeltjes en heiligen symboliseerden het paradijs dat wachtte na de dood. De uivormige torens zijn geïnspireerd op Byzantijnse, Italiaanse en Oostenrijkse voorbeelden. Ongeveer tachtig kerken zijn geopend voor bezoekers.

Duivels

Voorbij het authentieke bergdorp **Bonneval-sur-Arc** wacht **Bessans**, bekend van de *diables*, uit hout gesneden duiveltjes. Een must is een bezoek aan de barokke kerk en de 14e-eeuwse **Chapelle Saint-Antoine 2**, die zowel aan de binnen- als buitenkant is beschilderd met scènes uit het leven van Christus en de heilige Antonius. Ook de **Chapelle Saint-Sébastien** in het skioord **Lanslevillard** heeft prachtige schilderingen.

De **Pont du Diable 3** langs de N6 ter hoogte van **Avrieux** is zo genoemd omdat de plaatselijke timmerman een pact met de duivel gesloten zou hebben. Aan de overkant van de diepe, nauwe kloof ligt het **Fort Victor Emmanuel 4**, in 1830 door Oostenrijk gebouwd. Vlak bij **Modane** begint de 13 km lange Fréjustunnel naar Italië. Neem hier de snelweg A43 of de kleinere N6.

Haarspeldbochten

Saint-Michel-de-Maurienne wordt weinig bezocht door toeristen. In het centrum staan nog een paar oude huizen en een middeleeuwse kerktoren. **Saint-Jean-de-Maurienne** (▶ blz. 56) is de grootste plaats in de Maurienne. Daarna volgt **La Chambre**. Sla hier rechts af richting Saint-François-Longchamp. De beloning: een mooie bergroute met ontelbare haarspeldbochten (of kies voor de snellere, grote weg via Albertville naar Moûtiers). Aan de voet van de **Col de la Madeleine** (1993 m) ligt een dichtbeboste kloof, waar enkele bijzondere rotsformaties te zien zijn.

Na de wintersportplaats **Saint-François-Long-champ** kronkelt de weg omlaag het dal in naar het kleine kuuroord **La Léchère**. In de langgerekte vallei staan enkele niet zo pittoreske industriecomplexen, maar het berglandschap en de heilzame bronnen maken veel goed. Daarna komt al snel Moûtiers weer in beeld.

INFORMATIE

Office de Tourisme Coeur de Tarentaise: 80, square de la Liberté, Moûtiers, tel. 04 79 04 29 05, www.coeurdetarentaise-tourisme.com.
Office de Tourisme Saint-Jean-de-Maurienne: Place de la Cathédrale, Saint-Jean-de-Maurienne, tel. 04 79 83 51 51, www.saintjeandemaurienne.com. Kijk voor meer informatie op: www.maurienne-tourisme.com, tarentaise-vanoise.fr, www.haute-maurienne-vanoise.com.

ETEN EN OVERNACHTEN

Auberge d'Oul 1: Vieux Village, Bonneval-sur-Arc, tel. 04 79 05 87 99, www.auberge-oul.com, 2 pk vanaf € 68. Er zijn lekkere streekgerechten te krijgen, zoals fondue, raclette en tartiflette.
Hôtel & restaurant du Nord 2: Place du Champ de Foire, Saint-Jean-de-Maurienne, tel. 04 79 64 02 08, www.hoteldunord.net, 2 pk vanaf € 72. Tweesterrenhotel met restaurant waar verse, traditionele gerechten worden geserveerd.

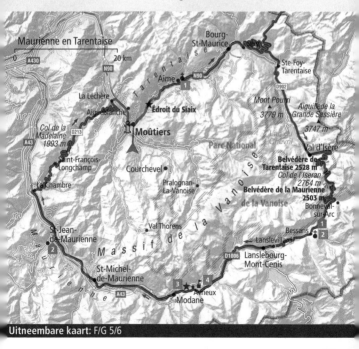

Uitneembare kaart: F/G 5/6

Isère

Het departement Isère strekt zich uit aan weerszijden van de rivier de Isère. In het noordwesten
is het landschap heuvelachtig, in het zuidoosten
reiken de toppen tot boven de 4000 m. Grenoble is de hoofdstad van het departement én de
grootste stad van de Franse Alpen. Hier ga je heen
voor het oude fort, de musea en de levendige
studentensfeer. Natuurliefhebbers verkennen het Parc Naturel Régional
du Vercors, waarvan het hart ongerept is en honderden kilometers aan
wandelpaden telt. Wintersporters en fietsers komen voor bekende
namen als de Alpe d'Huez en Les Deux Alpes.

Grenoble 🗺 C 7

plattegrond blz. 70-71

Grenoble, de 'hoofdstad' van de Franse Alpen (160.650 inw.), is een levendige stad met een mooi oud centrum, goede restaurants en talrijke musea. Niet te missen zijn de bolvormige cabines van de kabelbaan die vanaf het centrum over de rivier omhoog naar het oude fort zweven. Hiervandaan kijk je uit over de toppen van het Chartreusemassief, de Vercors en de Belledonne.

BEZIENSWAARDIGHEDEN

Met de kabelbaan naar het fort
De geschiedenis van Grenoble gaat terug tot de tijd van de Kelten, die de plaats Cularo noemden. De Romeinse keizer Gratianus gaf de stad in de 4e eeuw de naam Gratianapolis. In de middeleeuwen bloeide de stad dankzij de ligging aan een kruispunt van

NAPOLEON IN GRENOBLE

Het is 1814. Keizer Napoleon is verbannen naar het eiland Elba en koning Lodewijk XVIII heeft de macht overgenomen. Maar Napoleon weet te ontsnappen en reist naar Parijs via Grenoble, een republikeinse stad waar hij steun hoopt te vinden voor zijn strijd tegen de koning. In 1815 arriveert Napoleon met zijn gevolg in Laffrey, een dorp vlak voor Grenoble. Een troepenmacht staat klaar om hem te arresteren, maar hij weet hen over te halen zich bij hem aan te sluiten. Die avond is Napoleon in Grenoble en wordt hij voor het eerst weer als keizer erkend. De reisroute die hij volgde is nu een populaire toeristische route, genaamd **Route Napoléon**.

belangrijke doorgaande routes tussen Wenen, Genève, Italië en de Savoie. Het grootste deel van de stad ligt op de vlakke zuidoever van de Isère. Op de andere oever rijst een rotshelling steil omhoog naar **Fort de la Bastille** ■. Je kunt omhoog klimmen, maar het gaat een stuk sneller met de karakteristieke gondels van de kabelbaan, de **téléphérique** (Quai Stéphane Jay, www.bastille-grenoble.fr). Eenmaal boven wacht een prachtig uitzicht: beneden de stad en de rivier, aan de horizon de bergen, bekroond door de Mont Blanc 113 km verderop. Informatieborden vertellen waar je naar kijkt. Het machtige fortencomplex werd in de 19e eeuw gebouwd op de resten van oudere vestingen. Dwalend langs de massieve bouwwerken passeer je uitzichtplatforms, eetgelegenheden en het **Musée des Troupes de montagne** (www.bastille-grenoble.fr, di.-zo. 11-18 uur), gewijd aan de gespecialiseerde bergeenheden van het Franse leger. Zelf klimmen kan bij **Acrobastille** (www.acrobastille.fr), een klimpark met onder meer twee spectaculaire ziplines van 300 m lengte.
Alles gezien en gedaan? Wandelpaden leiden verder omhoog naar de Mont Jalla (632 m) en de Mont Rachais (1048 m). Of daal via een serie trappen af naar de rivier. De meest westelijke route komt langs **Jardin des Dauphins**, een mediterrane tuin verdeeld over zes terrassen.

MUSEA

Hollandse en Vlaamse meesters
Het fort is de grootste toeristentrekker van de stad, maar de vele musea doen daar nauwelijks voor onder. Zoals het **Musée de Grenoble** ■ (5, place Lavallette, tel. 04 76 63 44 44, www.musee degrenoble.fr, wo.-ma. 10-18.30 uur), dat is gevestigd in een modern gebouw vlak aan de rivier. De prestigieuze collectie bestaat onder meer uit Egyptische, Griekse en Etruskische voorwerpen, werken van Italiaanse meesters uit de 13e eeuw en Hollandse en Vlaamse

Al vanaf 1934 brengt de télépherique bezoekers naar het fort boven de stad. De bijnaam van de gondels spreekt voor zich: 'Les Bulles' ofwel 'de bollen'.

meesters uit de 17e eeuw. Ook komen diverse stromingen uit de 20e eeuw aan bod, vertegenwoordigd door beroemde namen als Rubens, Picasso, Monet, Zadkine en Warhol.

Nog meer musea
Op de andere oever markeert een spits torentje het **Musée Dauphinois 3** (30, rue Maurice-Gignoux, bereikbaar per kabelbaantje, tel. 04 57 58 89 01, www.musee-dauphinois.fr, wo.-ma. 10-18/19 uur). Dit streekmuseum, gevestigd in een voormalig klooster, is gewijd aan het leven van de bevolking van de streek Dauphiné en de Alpen. Bekijk in elk geval de bijzondere expositie over de geschiedenis van het skiën. De kapel is een mooi voorbeeld van barokkunst. Verrassend – ook voor kinderen – is het **Musée Archéologique Grenoble Saint-Laurent 4** (2, place Saint-Laurent, www.musee-archeologique-greno ble.fr, wo.-ma. 10-18 uur). Hart van het museum is een 12e-eeuwse kerk, waar de onder de vloer gevonden graven weer zichtbaar zijn gemaakt, inclusief een enkel skelet. Nog dieper ligt een mysterieuze crypte uit de 8e eeuw. De

grafvondsten in de bijgebouwen gaan terug tot de 4e eeuw.
Wetenschap, techniek, milieu en natuur zijn de thema's van het **Muséum de Grenoble 5** (1, rue Dolomieu, www. museum-grenoble.fr, di.-vr. 9.15-12, 13.30-17.30, za.-zo. 14-18 uur). Te zien zijn een grote variëteit aan alpine planten en dieren, fossielen en miralen, een aquarium en een botanische tuin.

Kerkelijk Grenoble
De **Cathédrale Notre-Dame 6** (Place Notre-Dame) oogt bepaald niet als een kathedraal – alleen een romaanse vierkante toren verraadt dat hier een kerk zit. De bouw startte al in de 10e eeuw, waarna er tot in de 19e eeuw aanpassingen plaatsvonden. Binnen oogt het schip middeleeuws: hoog en smal, met een prachtige zuilengang. In het 14e-eeuwse paleis van de bisschop ernaast is het **Musée de l'Ancien Évêché 7** (2, rue Très-Cloîtres, tel. 04 76 03 15 25, www. ancien-eveche-isere.fr, ma., di., do., vr. 9-18, wo. 13-18, za.-zo. 11-18 uur, gratis) gevestigd. Hoofdthema is de geschiedenis van Grenoble, waarbij onder meer overblijfselen van de Romeinse stadsmuren te

GRENOBLE

Bezienswaardig
1. Fort de la Bastille
2. Musée de Grenoble
3. Musée Dauphinois
4. Musée Archéologique Grenoble Saint-Laurent
5. Muséum de Grenoble
6. Cathédrale Notre-Dame
7. Musée de l'Ancien Évêché
8. Palais du Parlement du Dauphiné
9. Parc Paul-Mistral

Overnachten
1. OKKO Hotel
2. Hôtel de l'Europe

Eten en drinken
1. Café de la Table Ronde
2. L'Epicurien
3. Chez Mémé Paulette

Winkelen
1. Rommelmarkt
2. Les Halles Sainte-Claire

Uitgaan
1. La Soupe aux Choux
2. Ligne Sezz Café
3. Le Café des Arts

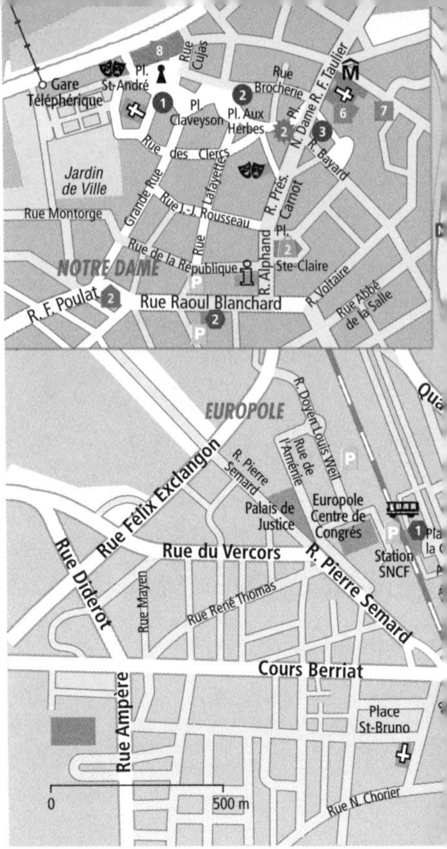

Sport en activiteiten
1. Métrevélo
2. Maison de la Montagne

Map of Grenoble with street names including Rue Cujas, Rue Brocherie, Rue Bayard, Rue des Clercs, Grande Rue, Rue J.J. Rousseau, Rue de la République, Rue Raoul Blanchard, Rue F. Poulat, Rue Félix Exclangon, Rue du Vercors, Rue Diderot, Rue Mayen, Rue René Thomas, Rue Pierre Semard, Cours Berriat, Rue Ampère, Rue N. Chorier, Place St-Bruno; areas Jardin de Ville, Notre Dame, Europole, Place St-André, Station SNCF, Palais de Justice, Europole Centre de Congrès. Scale 0 – 500 m.

---

zien zijn. Op het plein voor de kathedraal en het museum bevindt zich een grote fontein, 'Les Trois Ordres', gewijd aan de Franse Revolutie.

Wandel vanaf de kathedraal door een wirwar van straatjes richting de rivier en je komt op een sfeervol pleintje met daaraan het **Palais du Parlement du Dauphiné** 8 (Place Saint-André). In dit voorname gebouw, met een deels gotische, deels renaissancistische gevel, zat tot aan de Franse Revolutie het parlement van Grenoble, daarna was het een Paleis van Justitie. Aan de overkant van het plein staat de Église de Saint-André. Voor een portie groen wandel je vanaf de kathedraal naar het zuidoosten. In

het aantrekkelijke **Parc Paul-Mistral** 9 vind je onder meer het moderne stadhuis uit 1967, de 87 m hoge Tour Perret en het enorme ijsstadion waar in 1968 de Olympische Winterspelen werden gehouden.

··

ETEN, SHOPPEN, SLAPEN

··

 Overnachten

Modern en trendy
OKKO Hotel 1
Strak en modern, maar toch gezellig. Grote lounge, uitstekende ligging.

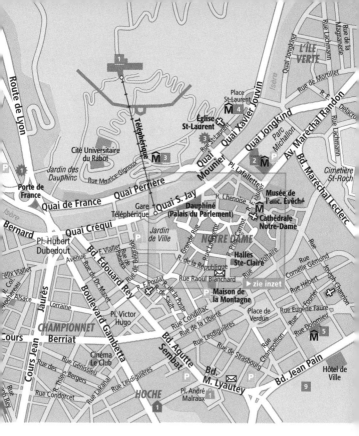

23, rue Hoche, tel. 04 85 19 00 10, www.
okkohotels.com, 2 pk vanaf € 89

Historisch gebouw
Hôtel de l'Europe
Oudste hotel van Grenoble in een historisch pand aan een centraal gelegen
plein. Modern ingerichte kamers met
smeedijzeren balkonhekjes.
22, place Grenette, tel. 04 76 46 16 94, www.
hoteleurope.fr, 2 pk vanaf € 87

....

🍴 Eten en drinken

Al sinds 1739
Café de la Table Ronde ❶
Eeuwenoud café annex basserie. Zoek
een plekje binnen of op het terras en
geniet van een kopje koffie, een glas
wijn of een smakelijk gerecht.

7, place Saint-André, tel. 04 76 44 51 41, www.
restaurant-tableronde-grenoble.com, menu
vanaf € 29

Traditioneel
l'Epicurien ❷
Populair restaurant met een sfeervol
oud interieur. Het ligt direct bij de
groentemarkt, dus staan er veel verse
producten op de menukaart.
1, place aux Herbes, tel. 04 76 51 96 06, www.
lepicurien-grenoble.com, menu vanaf € 29

Als thuis
Chez Mémé Paulette ❸
In een vol, gezellig interieur komen eenvoudige maar smakelijke én betaalbare
klassiekers op tafel. Gelegen in het hart
van het voetgangersgebied.
2, rue Saint-Hughes, tel. 08 90 21 01 70,
hoofdgerecht vanaf € 8

Winkelen

Markten

Rondstruinen op de **rommelmarkt** kan de eerste zondag van de maand (7-17 uur) op de Place André Malraux. **Les Halles Sainte-Claire** is een overdekte markt waar je al sinds 1874 de lekkerste verse producten haalt. Marktproducten vind je verder op de **Marché de l'Estacade** (2, rue Joseph Rey, di.-zo. 6-13 uur) en de **Place Saint Bruno** (dag. behalve ma.). Liefhebbers van boeken en antiek gaan naar het **Quartier des Antiquairs** ten zuidoosten van de kathedraal (Rue Bayard, Rue Voltaire, Rue Gaché, Rue de la paix, Rue Servan).

☀ Uitgaan

Grenoble is een levendige studentenstad met veel cafés en clubs. Kloppend hart van de jazzscene is **La Soupe aux Choux** ☕ (7, route de Lyon, tel. 04 76 87 05 67, www.jazzalasoupe.fr). **Ligne Sezz Café** ☕ (16, place Notre-Dame) is een bar tegenover de kathedraal met heerlijke cocktails en dj's die de muziek verzorgen. **Le Café des Arts** ☕

(36, rue Saint-Laurent, tel. 04 76 54 65 31, www.lecafedesarts38.fr) is een artistiek café met ruimte voor concerten, Franse chansons en jazz.

🏊 Sport en activiteiten

Fietsverhuur
Métrevélo ❶
Van bakfiets tot tandem tot gehandicaptenfiets. Onder het busstation.
Place de la Gare, tel. 04 76 85 08 94, www.metrovelo.fr

De bergen in
Maison de la Montagne ❶
Voor informatie over een keur aan activiteiten in de bergen.
14, rue de la République, tel. 04 57 04 27 00, www.grenoble-montagne.com

INFO EN EVENEMENTEN

Office de Tourisme: 14, rue de la République, tel. 04 76 42 41 41, www. grenoble-tourisme.com.
Les detours de Babel: muziekfestival met wereldmuziek in mrt./apr., www. detoursdebabel.fr

Het kasteel van Vizille werd gebouwd in 1619 en speelde in 1788 een rol bij het begin van de Franse Revolutie – een museum in het kasteel illustreert deze voor Frankrijk zo belangrijke periode.

IN DE OMGEVING

Ruige bergnatuur

Grenoble wordt omgeven door twee beschermde natuurparken. Aan de noordkant is dat het **Parc Natio-nal Régional de la Chartreuse** (▸ blz. 56), een ruig gebied met scherpe pieken, uitgestrekte naald-bossen en sappige bergweiden. Ten zuiden van Grenoble strekt zich het **Parc Naturel Régional du Vercors** (▸ blz. 77) uit. In het hart van dit natuurpark woont niemand – hier ko-men alleen wandelaars en andere na-tuurliefhebbers. Een legendarische col ligt aan de zuidoostkant van Grenoble: de **Alpe d'Huez** (▸ blz. 74), in de winter een zeer populaire wintersport-bestemming, in de zomer bekend bij wielertoeristen.

Kasteel en nostalgische trein

Ten zuidoosten van Grenoble, aan de **Route Napoléon**, bevindt zich het **Château de Vizille** (🛱 C 8). In dit imposante kasteel hebben zich tijdens de Franse Revolutie verschillende histo-rische gebeurtenissen afgespeeld. Die periode staat dan ook centraal in het **Musée de la Révolution française** (Place du Château, Vizille, tel. 04 76 68 07 35, www.domaine-vizille.fr, wo.-ma. 10-12.30 en 13.30-17/18 uur, gratis), dat in het kasteel is gevestigd. De collectie toont de dramatische gebeurte-nissen van de revolutionaire jaren, maar je kunt ook de kamers van de vroegere kasteelbewoners bekijken. Sluit een bezoek af met een wandeling door het fraaie park.

In 1889 werd in het gebergte ten zuiden van Grenoble een 30 km lang spoortraject aangelegd, de **Chemin de fer de la Mure**. De lijn liep van **Saint-Georges-de-Commiers** (🛱 C 8) naar **La Mure** (🛱 C 9) via een spectaculaire route met 142 bruggen, 18 tunnels en 122 bochten. Eerst werden er kolen en personen vervoerd, vanaf de jaren 60 alleen nog maar toeristen. Een landver-schuiving in 2010 maakte echter een (voorlopig) einde aan de toeristische spoorlijn. Er wordt gewerkt aan herstel, maar de heropening laat nog even op zich wachten. Kijk op https://lamure.fr voor de laatste stand van zaken.

Naar Bourg-d'Oisans

Het kleine **Bourg-d'Oisans** (🛱 D 8), de hoofdplaats van de regio Oisans, heeft als belangrijkste attractie het **Musée des Minéraux et de la Faune des Alpes** (Place de l'Église, tel. 04 76 80 27 54, www.musee-bourgdoisans.fr, okt.-dec. za.-zo. 14-18, jan.-sept. wo.-ma. 14-18 (juli-aug. dag. 14-19) uur). De naam zegt het al: het museum ligt vol met prachtige kristallen en mineralen die in deze regio zijn gevonden. Ook leer je alles over de dieren die hier leven, zoals hermelijnen, wolven en adelaars.

Monnikendrankje

In **Voiron** (🛱 C 5) ten noorden van Grenoble staat de wereldberoemde **Chartreusedistilleerderij** (Caves de la Chartreuse, 10, boulevard Edgar-Kofler, tel. 04 76 05 81 77, www.chartreuse. fr, za.-zo. 10-18.30, ma.-vr. 10-12.30 en 14-18/18.30 uur, laatste toegang 15.15 uur). Hier wordt de bekende krui-denlikeur al sinds 1737 in verschillende varianten gemaakt en gebotteld. De samenstelling is geheim, maar er zijn meer dan 130 verschillende kruiden en specerijen voor nodig. Tijdens een rondleiding kun je de opslagkelders bezoeken en natuurlijk is er een ruimte waar je kunt proeven. Het drankje komt oorspronkelijk uit het klooster La Grande Chartreuse in **Saint-Pierre-de-Chartreuse**. Dit in 1084 gestichte klooster is de bakermat van de orde van de kartuizers, monniken die bij voorkeur in stilte en afzondering leven. Het klooster is dan ook alleen van buiten te bekijken. Op 2 km afstand leer je alles over de kloosterorde in het **Musée de la Grande Chartreuse** (La Correrie, Saint-Pierre-de-Chartreuse, tel. 04 76 88 60 45, www.musee-grande-char treuse.fr, apr.-begin nov. vr.-wo. 14-18, juli-aug. vr. en ma.-wo. 10-18.30, zo. 14-18.30 uur).

Skipistes en haarspeld-bochten – **Alpe d'Huez en Les Deux Alpes**

Alpe d'Huez en Les Deux Alpes zijn populaire wintersportbestemmingen in de streek Oisans. Alpe d'Huez kreeg de bijnaam 'Île au Soleil' (eiland in de zon) vanwege het grote aantal zon-uren per jaar. Nog bekender werd de col door de legendarische beklimmingen tijdens de Tour de France.

In de jaren 20 van de vorige eeuw kwam de eli-te naar Alpe d'Huez om te skiën. Nu vormt het dorp het hart van een een uitgestrekt skigebied met 250 km aan pistes, waartoe ook de dorpen Villard Reculas, Auris-en-Oisans, Oz-en-Oisans en Vaujany behoren. In 1952 was de Alpe voor het eerst finishplaats in de Tour de France, met Fausto Coppi als glorieuze winnaar. Daarna wist acht keer een Nederlander als eerste de finish te passeren; de Belgen wachten nog altijd op een overwinning.

Het dorp
Het dorp Alpe d'Huez presenteert zich met een mix van houten alpenchalets en weinig sfeervolle appartementencomplexen. Cultuur snuiven kan in het **Musée d'Huez et de l'Oisans** [1], dat laat zien hoe Alpe d'Huez zich van een ingeslapen bergdorp kon ontwikkelen tot een drukbezochte ski- en fietsbestemming. Een markant baken in het dorp is de **Église Notre-Dame-des-Neiges** [2]. De kerk in de vorm van een tent werd in de ja-ren 60 gebouwd. Het orgel heeft dan weer veel weg van een hand. De schilder Arcabas decoreer-de de dertien kleurrijke glas-in-loodramen met afbeeldingen uit het Nieuwe Testament.

Skiën rond Alpe d'Huez
Alpe d'Huez is een sneeuwzekere wintersportbe-stemming, al is het maar doordat zevenhonderd sneeuwkanonnen in geval van nood kunnen bijspringen. De pistes vlak boven het dorp zijn ide-aal voor beginners en de minder veeleisende skiër.

De 21 haarspeldbochten van de Alpe d'Huez zijn genoemd naar bekende winnaars. Joop Zoete-melk, winnaar in 1976 en 1979, wordt geëerd in bocht 16. Wel jammer van de schrijffout in zijn naam ...

Daaromheen liggen uitdagende gebieden voor ge- vorderden en liefhebbers van off-piste skiën. Een spectaculaire kabelbaan gaat (zomer en winter) naar de top van de **Pic de Lac Blanc** (3327 m). Bij het tweede station, bij het **Lac Blanc**, kun je in de winter de **Grotte de glace** ⓷ bezoeken, een ijsgrot met ijssculpturen. Ook starten hier verschillende wandelroutes. Een panoramatafel op de top toont de bergtoppen in Frankrijk, Zwitserland en Italië die op heldere dagen vanaf hier te zien zijn. De Pic de Lac Blanc is bovendien de startplaats van de **Sarenne**, de langste zwarte afdaling van Europa: 16 km lang, met een hoogteverschil van 1820 m. De afdaling is technisch niet lastig, maar door de lengte toch een flinke aanslag op de beenspieren. Bijzonder zijn de 'ski au clair de lune'-excursies, waarbij je 's avonds bij volle maan de Sarenne-af- daling naar Huez volgt en dan met de bus terug naar Alpe d'Huez wordt gebracht. Wie zich liever in de après-ski stort, kan kiezen uit een fors aantal restaurants en bars.

Avontuurlijke wintersporters zitten goed bij Alpe d'Huez en Les Deux Alpes: voor freestylers, off-piste skiërs en snowboarders zijn er volop mogelijkheden.

Les Deux Alpes

De grootste troef van skigebied Les Deux Alpes (of Les 2 Alpes) is een reusachtige gletsjer, de **Glacier du Mont-de-Lans**, ook wel Glacier de Mantel ge- noemd. Kabelbanen en sleepliften brengen je naar 3600 m hoogte, waar je zelfs in de zomer je skies kunt aantrekken. De pistes beperken zich dan wel tot 20 km, tegen meer dan 200 km in de winter. Freestylers – beginners en gevorderden – kunnen zich helemaal uitleven in Freestyle Land, dat beschikt over een superpipe, airbag, big air, chill out area en kickers. De ervaren off-piste skiërs reizen verder oostwaarts naar **La Grave**, dat grenst aan Les Deux Alpes. Dit alles – plus de bruisende après-ski – maakt van de Les Deux Alpes een skibestemming met een jeugdige, avontuurlijke atmosfeer. Alle leeftijden zullen waarderen dat de skiliften vaak op loopafstand van de accommodatie ligt.

INFO EN OPENINGSTIJDEN

Office de Tourisme Alpe d'Huez:
Place Joseph Paganon, Huez, tel. 04 76 11 44 44, www.alpedhuez.com, www.2alpes.com.
Office de Tourisme Les Deux Alpes:
4, place des 2 Alpes, Montdelans, tel. 04 76 79 22 00, www.les2alpes.com.
Musée d'Huez et de l'Oisans ■:
Palais des Sports et des Congrès, Avenue de Brandes, Alpe d'Huez, tel. 04 76 11 21 74, www.alpedhuez-mairie.fr/loisirs/musee/, juli-aug., half dec.-eind apr. ma.-za. 10-12, 14-19, daarbuiten ma., di., do., vr. 16.30-18, wo. 14-18 uur.

ETEN EN DRINKEN

L' Authentique ❶: Avenue des Jeux, Alpe d'Huez, tel. 04 76 80 43 31, www. lauthentique.eu. Italiaanse gerechten en bergspecialiteiten in een sfeervol decor.
Au p'tit Creux ❷: Chemin des Bergers, Alpe d'Huez, tel. 04 76 80 62 80. Klein restaurant met streekgerechten.

ACTIEF IN WINTER EN ZOMER

Mountainbiken: meer dan 260 km aan trails, met prachtige afdalingen. Verhuur: Sarenne Sports, 33, rue du Pic Blanc, Alpe d'Huez, tel. 04 76 80 44 76, www.sarenne-sports.com.
Paardrijden: Route du col de Poutran, Alpe d'Huez, tel. 06 69 79 59 51, www. secondsouffle.fr.
Wandelen: ten noorden van Alpe d'Huez ligt het met gletsjers bedekte berggebied Massif des Grandes Rousses. Wandelingen onder leiding van een gids, klimmen: www.alpedhuez.com.
Zwemmen, klimmuur en tal van andere sporten: Palais des Sports et des Congrès, Avenue de Brandes, Alpe d'Huez tel. 04 76 11 21 41, www. alpedhuez-mairie.fr.

Uitneembare kaart: D 8

Bergen, dalen en druipsteengrotten – **Parc Naturel Régional du Vercors**

9

Steile rotswanden, grotten, beboste berghellingen, alpenweiden, riviertjes – het Parc Naturel Régional du Vercors is een ongenaakbaar, ruig natuurgebied ten zuidwesten van Grenoble. Prachtig is vooral het onbewoonde Réserve Naturelle des Hauts Plateaux, dat zich alleen te voet laat verkennen.

Réserve Naturelle des Hauts Plateaux

Het massief van de Vercors is een droom voor bergwandelaars. Dat geldt helemaal voor het Réserve Naturelle des Hauts Plateaux, een hooggelegen plateau zonder verharde wegen, maar wel met honderden kilometers aan wandelpaden. Dorpen of andere vormen van permanente bewoning zul je hier niet tegenkomen. Honden zijn niet welkom en mountainbikers mogen alleen op gemarkeerde routes.

Het klimaat varieert van mediterraan op de zuidelijk gelegen hellingen tot een alpenklimaat op de toppen. Door de verschillende microklimaten is de soortenrijkdom aan planten en dieren erg groot. Onderweg heb je kans op een ontmoeting met alpenmarmotten, steenbokken, moeflons, gemzen, wilde zwijnen en herten, maar er leven ook 135 soorten vogels. Verder zijn er rond de 1800 plantensoorten geteld, waaronder 60 soorten orchideeën en de zeldzame Turkse lelie.

Ruige rotsen en steile wanden tekenen het Réserve Naturelle des Hauts Plateaux. De karakteristieke vorm van de Mont Aiguille is al van verre te herkennen.

Romeinse steengroeve

De oudste vondsten van menselijke bewoning op het bergplateau dateren van rond het begin van onze jaartelling. Het huidige **Die** werd tussen de 1e en 3e eeuw n.Chr. door de Romeinen gebouwd en heette toen Dea Augusta. De stenen kwamen uit een steengroeve op de Plaine de la Queyrie, ten zuiden van de Grand Veymont. De groeve ligt langs een oude voetweg tussen

LET OP

Wandelaars moeten eerst stevig klimmen voor ze op het bergplateau zijn. Ook onderweg kunnen er flinke hoogteverschillen zijn tussen het plateau en de omringende valleien. Neem zeker voldoende water mee, want er zijn weinig plekken om de voorraad aan te vullen.

INFORMATIE

Maison du Parc:
255, chemin des Fusillés, Lans-en-Vercors, tel. 04 76 94 38 26, www.parc-du-vercors.fr.

OPENINGSTIJDEN

Grottes de Choranche: rondleidingen van een uur, meestal tussen 10.30 en 16.30 uur, maar de tijden wisselen per seizoen; kijk op www.choranche.com voor details.

Grenoble en Die, een route die eeuwenlang door handelaars is gebruikt. Deze weg wordt nu ook wel de Route du Vin, de wijnroute, genoemd.

Wandelroutes

Wandelaars hebben het voor het uitkiezen in dit geïsoleerde en onherbergzame gebied. Verschillende **Grandes Randonnées** (GR) doorkruisen de hoogvlakte. De belangrijkste zijn de GR91 (Saint-Nizier-du-Moucherotte – Brantes), de GR93 (Sentier Vercors – Devoluy) en de GR95 (Saillant – Vaunières). Ook de GTV of Grande Traversée du Vercors, een 150 km lange wandel-, fiets- en skiroute die de Vercors van noord naar zuid doorkruist, gaat door het Réserve Naturelle des Hauts Plateaux. Mooi wandelen kun je verder in de **Gorges du Bruyant**, een beboste kloof bij **Lans-en-Vercors**. Hier dwaal je langs het riviertje de Bruyant en over bruggetjes. Ook in het beukenbos van de Coulmes zijn verschillende routes uitgezet. Vanaf het dorp **La-Balme-de-Rencurel** wandel je in ruim een uur naar de **Belvédère du Ranc**, een uitzichtplatform op 1030 m hoogte.

Mont Aiguille

De markante **Mont Aiguille** – letterlijk 'naaldberg' – wordt ook wel Mont Inaccessible ('ontoegankelijke berg') genoemd. Met een top op 2086 m is dit de hoogste berg van het Vercorsmassief. De lagere hellingen zijn tot op een hoogte van circa 1600 m bedekt met gemengd bos. De top bestaat uit 300 m hoge, loodrechte rotswanden. Toch werd de berg al in 1492 bedwongen door bergbeklimmer Antoine de Ville. Dit was de eerste gedocumenteerde beklimming van een berg en zij wordt beschouwd als het begin van het alpinisme.

Druipsteengrotten

Voor prachtige 'hangende huizen', kleurrijke woningen boven de Bourne, ga je naar het dorpje **Pont-en-Royans**. Vlakbij vind je de **Grottes de Choranche**. De druipsteengrotten zijn meer dan 70 miljoen jaar oud, maar werden pas in 1875 ontdekt. Er is een sprookjesachtig ondergronds meer met duizenden dunne stalactieten die vanaf het plafond van de grot naar de bodem reiken. In een aquarium kun je de kleurloze olmsalamanders bekijken die hier leven. Het is een van de oudste diersoorten ter wereld; ze hebben geen ogen en worden circa tachtig jaar oud.

Bosrijk dal

Een *combe* is een laagte in een hoogvlakte. De **Combe Laval** is een mooi bosrijk dal, dat je vanuit **Saint-Jean-en-Royans** bereikt door de steil omhoog lopende D76 te volgen. Op een korte afstand van de Col de la Machine (1011 m) passeer je een uitzichtpunt.

OVERNACHTEN EN ETEN
Kijk op www.parc-du-vercors.fr voor adressen van restaurants, hotels, berghutten en campings. In het Réserve Naturelle des Hauts Plateaux vind je alleen enkele kleine berghutten, oude *cabanes* en *jasses* van schaapsherders. Rond de réfuges mag je kamperen.

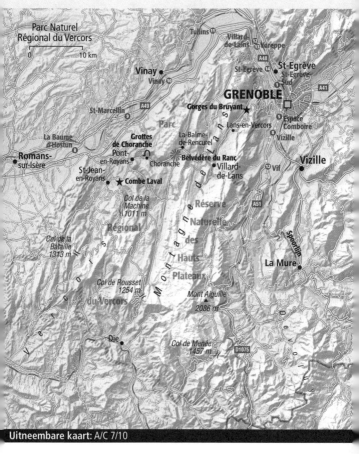

Hautes-Alpes

De Hautes-Alpes strekken zich uit aan de zuidrand van de Alpen. Dat betekent dat je kunt profiteren van een groot aantal uren zonneschijn. De hoofdstad Gap is de enige stad van enig formaat, gevolgd door het prachtige vestingstadje Briançon. De rest van het departement is dunbevolkt en een topbestemming voor wie houdt van bergen en natuur. Het Parc National des Écrins en het Parc Naturel Régional du Queyras lokken bergwandelaars met diepe dalen, hoge bergtoppen, watervallen en fraaie bergdorpen. Ook ligt hier het Lac de Serre-Ponçon, het grootste meer van Frankrijk en een paradijs voor watersporters.

Briançon 🕮 F 9

Machtige vestingwerken beschermen nog altijd de hoogstgelegen stad van Frankrijk (1326 m). Briançon (12.400 inw.) ligt bij de samenloop van vijf valleien en bewaakte de toegangsweg naar Italië. Eenmaal binnen de massieve stadsmuren is het heerlijk flaneren door de steile straatjes, omzoomd door eeuwenoude huizen.

BEZIENSWAARDIGHEDEN

Geschiedenis

Al in de Romeinse tijd lag hier een versterkte stad, genaamd Brigantium, die profiteerde van de ligging aan verschillende handelsroutes. In de middeleeuwen kreeg de stad een kasteel en nieuwe muren. In de 17e eeuw liet koning Lodewijk XIV de stad verder versterken door de beroemde vestingbouwer Sébastien Le Prestre de

Waarom zijn er zoveel forten en vestingsteden in dit deel van de Alpen? De oorsprong ligt in de 17e eeuw, toen het Frankrijk van koning Lodewijk XIV met zo'n beetje alle buurlanden in oorlog was. Ook met het zelfstandige hertogdom Savoie waren er regelmatig grensconflicten. Na invallen van de hertog van Savoie in 1691 en 1692 stuurde koning Lodewijk XIV de vestingbouwer Vauban naar de grensstreek om een verdedigingslinie aan te leggen. Zijn vernieuwende ontwerpen zijn nog altijd te zien rond Briançon, maar bijvoorbeeld ook in Mont-Dauphin (▶ blz. 84). De vestingwerken van Vauban kregen zelfs een plekje op de Werelderfgoedlijst van UNESCO.

Vauban (1633-1707). Later werden boven de stad verschillende forten gebouwd, waardoor Briançon een schier onneembaar militair bolwerk werd. De ommuurde oude stad wordt ook wel Cité Vauban of Ville Haute (bovenstad) genoemd. Het moderne centrum ligt een stuk lager en heet Briançon-Sainte-Cathérine of Ville Basse (benedenstad).

Door de Cité Vauban

Vanaf de parkeerplaats op de Champ de Mars wandel je de bovenstad binnen via de Porte de Pignerol. Hiervandaan doorsnijdt de steile Grande Rue – let op het gootje in het midden – de hele ommuurde stad. Aan weerszijden liggen pastelkleurige snuffelwinkels en restaurants. Rechts leidt de Rue du Temple naar de **Église Notre-Dame-et-Saint-Nicolas**, een 18e-eeuwse kerk met twee markante torens, gedecoreerd met een zonnewijzer. Binnen zijn grote barokke schilderijen met Bijbelse voorstellingen te zien. Maak zeker ook een rondje langs de *remparts*, de stadswallen: Vauban ontwikkelde een ingenieus verdedigingssysteem van muren, wallen en grachten waarop eventuele aanvallers zich zouden stuklopen.

Forten

In de middeleeuwen stond er een burcht op een heuvel ten oosten van de Cité Vauban. Deze vesting is in de loop van de eeuwen aangepast aan de steeds sterker wordende kanonnen, resulterend in een machtig fortencomplex, genaamd **Fort du Château**. Je kunt erheen wandelen en vanaf een uitzichtplatform een blik werpen op de stad en de bergen. Een oriëntatietafel helpt bij het herkennen van de toppen. Let ook op de verschillende andere forten die met name in de 19e eeuw rond Briançon zijn aangelegd. Het 8 m hoge victoriebeeld in het fort draagt de passende naam *La France*. Vanaf de parkeerplaats aan de achterzijde van de vestingstad leidt een pad naar de Pont d'Asfeld, een hoge stenen brug (1720) over de Durance. Daarna zigzagt het pad omhoog naar het **Fort des Têtes**, met daarachter nog verschillende andere forten.

Park

Even relaxen in een aangenaam park? Daal dan af naar de Durance aan de voet van de vestingstad. Hier liet de commandant van de garnizoensstad in 1815 het **Parc de la Schappe** aanleggen. Let op de Japanse details: in die tijd was er een grote fascinatie voor alles wat uit het oosten kwam.

ETEN, SHOPPEN, SLAPEN

⌂ Alpenhut in de stad
Hôtel de la Chaussée
Al sinds 1892 zijn gasten welkom in dit hotel in de benedenstad. Grootste verrassing: eenmaal binnen is het net alsof je in een bergchalet logeert.
4, rue Centrale, tel. 04 92 21 10 37, www.hotel-de-la-chaussee.com, 2 pk vanaf € 95

⌂ Gastvrij
Hôtel Edelweiss
Eenvoudig, betaalbaar tweesterrenhotel net buiten het oude centrum. Ook geschikt voor fietsers en motorrijders.
32, avenue de la République, tel. 04 92 21 02 94, www.hotel-edelweiss-briancon.fr, 2 pk vanaf € 66

🍴 Lichte lunch
Le Panier Alpin
Een *salon de thé* aan de Grande Rue waar je heerlijke lunchgerechten en lokale specialiteiten kunt proeven. Ernaast is een delicatessenwinkel.
50, grande Rue, tel. 04 86 99 57 13, gerecht vanaf € 7,50

💧 Wild water
De rivier de Guisane aan de noordkant van Briançon leent zich uitstekend voor raften, wildwaterkajakken en allerlei andere avontuurlijke watersporten. Dat kan onder meer via **Eaurigine** (7, avenue René Froger, tel. 07 87 46 98 37, www.eaurigine.net).

ℹ Info
Office de Tourisme: 1, place du Temple, tel. 04 92 21 08 50, www.serre-chevalier.com.

Al van verre te zien: de twee markante torens van de Église Notre-Dame-et-Saint-Nicolas in Briançon.

IN DE OMGEVING

Wintersport
Serre Chevalier (📖 F 9) is een wintersportgebied dat zich uitstrekt in het dal ten noordwesten van Briançon. Dankzij de vele noordhellingen en de hoge ligging is het een sneeuwzeker gebied met circa 250 km aan pistes. Gevorderde skiërs vinden hier een slalom- en een buckelpiste en voor snowboarders zijn er een halfpipe en een snowpark. Ook zijn er mogelijkheden om te langlaufen.

Nationaal park
Briançon is een van de toegangspoorten tot het **Parc National des Écrins** (▶ blz. 89), een beschermd berggebied ten westen van de stad. Informatie over de natuur en de recreatiemogelijkheden vind je bij het **Maison du Parc du Briançonnais** (Place Médecin-Général Blanchard, Briançon, tel. 04 92 21 42 15, www.ecrins-parcnational.fr).

Langs de Durance
Ten zuiden van Briançon heeft de rivier de Durance een indrukwekkend dal

Vanaf het hoge rotsplateau van Mont-Dauphin wordt meteen duidelijk waarom Vauban juist deze plek uitkoos: je kon een vijandelijk leger al van verre zien aankomen en met kannonen beschieten.

uitgesleten. En ook hier heeft Vauban zijn sporen nagelaten, zoals in de vesting **Mont-Dauphin** (📖 E 10, www. place-forte-montdauphin.fr). In 1692 kreeg Vauban de opdracht de grensstreek met de Savoie te versterken. Als onderdeel van de verdedigingslinie bouwde hij een fort op een rotsplateau boven de rivier. Hij noemde het vervolgens naar de zoon van koning Lodewijk XIV, de Grand Dauphin (*dauphin* = kroonprins). Binnen de vestingmuren ontdek je onder meer een arsenaal, een kruitmagazijn, kazernes, een kerk, huizen en wasplaatsen. Verder zuidwaarts passeert de Durance het stadje **Embrun** (▶ blz. 95), om daarna uit te monden in het **Lac de Serre-Ponçon** (▶ blz. 95), een enorm stuwmeer.

Gap 📖 D 11

Gap (40.800 inw.), de hoofdstad van het departement Hautes-Alpes, ligt in een breed dal tussen de Provence en het gebergte van Écrins. De stad bestond al in de Romeinse tijd en werd in 1692 geheel verwoest door de hertog van Savoie. Nu kun je hier

heerlijk dwalen door het autovrije centrum, gevuld met voornamelijk 18e-eeuwse gevels en talrijke winkels.

BEZIENSWAARDIGHEDEN

Door het oude centrum
Kloppend hart van de oude stad is de bijna Italiaans aandoende Place Jean-Marcellin, natuurlijk voorzien van een fontein en uitnodigende terrasjes. Let op de straatnaambordjes rond het plein: de naam staat niet alleen vermeld in het Frans, maar ook in het Alpin d'oc, een Romaanse taal die vroeger in deze regio werd gesproken en nu vrijwel is verdwenen (▶ blz. 85).
Wandel vanaf het plein de Rue de France in en je ontdekt op nummer 19 het huis waar **Napoleon** na zijn ontsnapping van Elba in 1815 logeerde (▶ blz. 68). Een schildering hoog op de gevel memoreert de gebeurtenis. Aan de andere kant van het plein leidt de Rue de Mazel naar de **Cathédrale Notre-Dame-et-Saint-Arnoux**. De kathedraal werd tussen 1866 en 1904 gebouwd in een mix van romaanse en neogotische stijlen. Het interieur met

de massieve Korinthische zuilen oogt in eerste instantie wat somber, maar zit vol kunst en kleurrijke details.

Museum
Tussen de oude stad en het treinstation ligt het **Musée Départemental** (6, avenue Maréchal-Foch, tel. 04 92 51 01 58, www.museum.hautes-alpes. fr, juli-aug. dag. 10-12 en 14-18 uur, sept.-juni ma. en wo.-vr. 14-17, za.-zo. 14-18 uur, gratis). Dit regionale museum toont archeologische en historische collecties, schilderingen van Franse en Italiaanse meesters en traditionele volkskunst. Interessant zijn ook de juwelen uit de bronstijd en bewerkte houten meubels uit de regio Queyras.

ETEⱭ, SHOPPEⱭ, SLAPEⱭ

🏠 Mooi uitzicht
Mon Hotel à Gap
Gerenoveerd driesterrenhotel aan de rand van de oude stad. Voor het mooiste uitzicht neem je een kamer op de bovenste verdieping.
4, place Frédéric-Euzières, tel. 04 92 51 04 13, www.monhotelagap.com, 2 pk vanaf € 78

🍽 Op het centrale plein
Diversion
Bij mooi weer is er een groot terras met honderd stoelen, maar neem ook een kijkje bij de speelse inrichting binnen. Eenvoudige gerechten voor ontbijt, lunch en diner. Goede pizza.
Place Jean Marcellin/Rue Elisée, tel. 04 92 52 08 20, www.diversion.fr, gerecht vanaf € 8

🍽 Onder een gewelfd plafond
Le Tourton des Alpes
Lokale specialiteiten, gemaakt met verse ingrediënten en geserveerd in een sfeervolle eetzaal.
1, rue des Cordiers, tel. 04 92 53 90 91, hoofdgerecht vanaf € 15

ℹ Info
Office de Tourisme: 1, place Jean-Marcellin, tel. 04 92 52 56 56, www.gap-tallard-vallees.fr.

IⱭ DE OMGEVIⱭG

Kastelen
Op een helling enkele kilometers ten noordwesten van Gap ligt het **Domaine de Charance** (apr.-eind okt. dag., gratis). Het hart van het domein wordt gevormd door een 17e-eeuws kasteel, met rondom een Engelse en een Franse tuin, gevuld met rozen, lavendel, edelweiss, irissen en wilde orchideeën. Het kasteel, waar ooit de bisschoppen van Gap resideerden, is nu in gebruik bij natuurorganisaties en niet te bezoeken, maar het uitzicht op de stad, de bergen en de beroemde peren- en appelboomgaarden van Gap is fantastisch. Er gaat een wandelroute van de stad naar deze oase van rust – vraag ernaar bij het toeristenbureau.
Ook in **Tallard** (🗺 F 9), 15 km ten zuiden van Gap, kun je heerlijk wandelen in een park rond een middeleeuws kasteel (www.chateau-tallard.fr), dat hoog boven het dorp uitsteekt. In de 14e eeuw was de burcht in handen van de prinsen van Oranje.

UITSTERVEⱭDE TALEⱭ

Het Alpin d'oc, dat je terugvindt op de straatnaambordjes in Gap, wordt ook wel Lenga d'òc of Occitan genoemd. Het is een oude Romaanse taal die vroeger in het zuiden van de Franse Alpen en in andere delen van Zuid-Frankrijk, Italië, Monaco en Spanje werd gesproken, maar nu alleen nog bekend is bij ouderen, voornamelijk op het platteland. Ook andere, vaak eeuwenoude talen worden met uitsterven bedreigd. Zo wordt het Franco-Provençaals of Arpitaans waarschijnlijk nog door slechts 113.000 mensen in de Rhône-Alpes en delen van Italië en Zwitserland gesproken. Het Savoyard, een regionaal dialect van dit Franco-Provençaals, is nog maar bij 20.000 mensen bekend.

Ruige natuur en oude boerderijen – **Parc Naturel Régional du Queyras**

 # 10

Oude bergdorpjes met karakteristieke boerderijen en spectaculaire vergezichten, een hooggelegen fort, bijzondere rotsformaties, ijzige gletsjermeertjes en een indrukwekkende waterval – vooral wandelaars raken in dit fraaie natuurgebied in het zuidoosten van de Franse Alpen niet snel uitgekeken.

Het natuurpark van de Queyras (65.000 ha) ligt op grote hoogte, met als hoogste punt de **Pic de la Font-Sancte** (3387 m). Het park werd in 1977 opgericht om de natuur te beschermen, de economie te versterken én om het erfgoed van de regio te waarborgen. De natuur wordt onder meer vertegenwoordigd door steenbokken en koningsadelaars. Waardevol erfgoed is er in de vorm van prachtige traditionele boerderijen. Vooral in dorpen als Saint-Véran, het hoogstgelegen dorp van Frankrijk (2042 m), Arvieux en Ceillac zie je mooie voorbeelden. Het beleid is erop gericht om deze oude plattelandsarchitectuur zoveel mogelijk te behouden. Ook is er veel aandacht voor oude ambachten als meubels maken en houtbewerken.

Sfeervol dorp

Religie is alomaanwezig in dorpen als Saint-Véran. De missiekruizen herinneren aan de missionarissen die het Woord van God kwamen brengen. Elk object op het kruis heeft een symbolische religieuze betekenis.

Het pittoreske **Saint-Véran** (🗺 G 10) ligt in het hart van het natuurpark, omgeven door toppen die tot boven de 3000 m reiken. De 236 dorpsbewoners leven niet alleen van de landbouw en traditionele ambachten, maar ook van het toerisme. Voor een stap terug in de tijd ga je naar **Musée Le Soum 1**, een huisje uit 1641 dat nog helemaal op traditionele wijze is ingericht. De naam van het dorp is afkomstig van een 6e-eeuwse bisschop. Volgens het verhaal redde hij de boeren uit de Provence van een gevaarlijke draak door hem de bergen in te jagen. De draak vloog vervolgens weg en botste tegen de berg bij Saint-Véran.

Grillige rotsen en een machtig fort

Vanuit Saint-Véran gaat de D5 in noordoostelijke richting naar **Ville-Vieille**. Even voor dat dorp staat links op de beboste helling een markante rotspartij, genaamd **La Demoiselle Coiffée**, ofwel de gekapte dame. Het is een sprookjesachtige 'schoorsteen' van ruim 10 m hoog met op de top een zwerfkei.

Ga bij Ville-Vieille links de D947 op en je komt langs **Fort Queyras** 2. Deze machtige vesting ligt op 1400 m hoogte op een steile rots en is van oorsprong middeleeuws. In de 17e eeuw moderniseerde de vestingbouwer Vauban (▶ blz. 82) de burcht in opdracht van koning Lodewijk XIV. Dat was nodig ook, want vanaf de omliggende hellingen kon het fort eenvoudig worden beschoten. Bij een bezoek krijg je een mooi inkijkje in de ontwikkelingen van de militaire bouwkunde.

Ga bij Ville-Veille rechtsaf en de D947 brengt je naar **Aiguilles** en vervolgens naar **Abriès**. In het hart van dit dorp geeft **La Maison du Costume** 3 een overzicht van de traditionele klederdrachten van de streek.

Wat erosie allemaal kan doen: de zwerfkei op de top van de 'gekapte dame' is van een harde steensoort. De zachtere rotslaag daaronder is door weer en wind afgesleten.

Wandelen

Grootste troef voor wandelaars zijn de relatief eenvoudige wandelbergen in de Queyras. Ook minder ervaren bergwandelaars kunnen hier dus uitstekend uit de voeten. Eenvoudig is bijvoorbeeld de wandeling rond het **Lac de Roue** ten oosten van **Arvieux**. In een uur wandel je rond dit prachtige meertje op 1850 m hoogte.

Bij **Ceillac**, ten oosten van Guillestre, stort een waterval genaamd **Cascade de la Pisse** vanaf een rots van 50 m hoogte naar beneden. Een bewegwijzerde route van circa anderhalf uur voert naar het ronde gletsjermeer **Lac Sainte-Anne**, gelegen in een kom op 2415 m hoogte. Het water in het meer wordt niet warmer dan 5 °C en bevriest 's winters tot 2 m diep.

Op de grens met Italië, net voorbij het dorp **Ristolas**, gaat een kronkelweggetje naar de Belvédère de Mont Visto, dat een schitterend uitzicht over de gelijknamige Italiaanse berg biedt. Je komt er na een kwartier wandelen vanaf de weg.

Een lekkere rauwmelkse kaas uit de streek meenemen als souvenir? Stap dan in Château-Ville-Vieille binnen bij kaasmakerij annex kaaswinkel **Fromagerie de Château-Queyras** ▲ (La Gourgue, Château-Ville-Vieille, www.fromagesduqueyras.fr).

INFO EN OPENINGSTIJDEN

Parc Naturel Régional du Queyras: tel. 04 92 46 88 20, www.pnr-queyras.fr.

Office de Tourisme du Guillestrois et du Queyras: Maison du Tourisme, Château-Ville-Vieille, tel. 04 92 46 76 18, www.queyras-montagne.com.

Office de Tourisme Guillestre: Place Salva, Guillestre, tel. 04 92 24 77 61, www.queyras-montagne.com.

Musée Le Soum 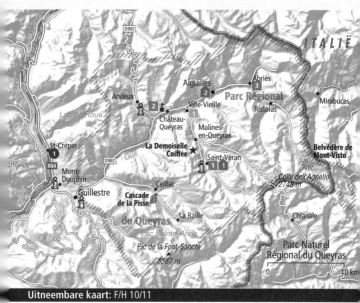: Quartier Les Forannes, Saint-Véran, tel. 04 92 45 86 42, juli-aug. dag. 9.30-12.30 en 13.30-18.30, juni en sept. wo.-zo. 9.30-12.30 en 14-18, eind dec.-mrt. ma.-vr. 13.30-17.30 uur.

Fort Queyras : Château-Ville-Vieille, www.fortqueyras.fr, eind juni-half sept. ma.-vr. 10.15-18.45, za.-zo. 13-18.45 uur.

La Maison du Costume : Rue de l'Église, Abriès, tel. 06 02 00 76 47, begin juni-begin sept. wo.-vr. 15.30-18.30 uur.

OVERNACHTEN, ETEN EN DRINKEN

L'Estoilies : Le Raux, Saint-Véran, tel. 04 92 45 82 65, www.estoilies.com. Gezellige herberg met kamers en slaapzalen, 2 pk vanaf € 42 per persoon.

Hôtel Les Balcons de Combe Rousset : Route de la Condamine, Aiguilles, tel. 04 92 46 77 15. Mooi gelegen tweesterrenhotel, 700 m van de skipistes, 2 pk vanaf € 63.

Les tables de Gaspard : Rue Principale, Saint-Crepin (aan de D94 ten noorden van Guillestre), tel. 04 92 24 85 28, www.lestablesdegaspard.com. Verfijnde gerechten uit de lokale keuken, bereid met verse ingrediënten. Ook chambres d'hôtes.

SPORT EN ACTIVITEITEN

Naast wandelaars vinden ook mountainbikers volop mogelijkheden in de Queyras. In de winter kun je skiën, langlaufen en snowboarden.

Spectaculaire natuur – **Parc National des Écrins**

Het Parc des Écrins, het grootste nationale park van Frankrijk, telt meer dan honderd bergtoppen die tot boven de 3000 m reiken. Volgens velen ligt hier zelfs het mooiste hooggebergte van de Franse Alpen. Slechts 5% van het park is bebost. Het zuidelijke deel heeft een Provençaals karakter met lavendel- en zonnebloemvelden.

Het nationale park werd in 1913 opgericht om de planten en dieren te beschermen en om de ontbossing tegen te gaan, die zorgde voor lawines en modderstromen. Het park beslaat 91.800 ha aan (bijna) ongerepte natuur. Daaromheen ligt een beschermde zone van nog eens 180.000 ha waar meer activiteiten zijn toegestaan.

Hoge toppen

In het hart van het nationale park vind je geen dorpen, berijdbare wegen of skiliften. Wel liggen hier majestueuze toppen als de **Barre des Écrins** (4101 m) en **La Meije** (3983 m). Eeuwige sneeuw en langgerekte valleien maken het spectaculaire plaatje compleet. Meer dan 700 km aan gemarkeerde wandelpaden doorsnijdt dit alpenlandschap.

Het schilderachtige dorp **Vallouise** (📖 F 9) ligt net ten oosten van het nationale park en is een goede uitvalsbasis voor verkenningstochten. Zo gaat een wandeling van circa drieënhalf uur via Entre-les-Aigues naar de berghut Les Bans. Aan het eind van de vallei van Vallouise bevindt zich het ruige landschap van Pré de Madame Carle, met daarin de Glacier Blanc en Glacier Noir, de witte en zwarte gletsjer (► blz. 92).

Vanuit het dorp **La Bérarde** wandel je in ongeveer een uur naar Le Carrelet, een hoogvlakte met een berghut. Hiervandaan is het nog eens vier uur verder naar de **Glacier de la Pilatte**. Deze gletsjer ligt in een keteldal, omringd door bergen, en verandert constant van vorm.

N
NATUUR

Het Parc des Écrins is rijk aan bloemen en planten: maar liefst de helft van alle in Frankrijk voorkomende flora is hier te vinden. Bovendien leven er uilen, steenarenden, alpenkraaien, gemzen, sneeuwhoenders, alpenmarmotten, hermelijnen en steenbokken. Dat betekent overigens ook dat honden het park niet in mogen.

Rivieren hebben langgerekte valleien uitgesleten, waardoor op een klein oppervlak grote hoogteverschillen voorkomen. Dat levert prachtige vergezichten op.

In het centrale deel van het park kun je overnachten in tientallen berghutten. Aan de randen vind je nog meer berghutten en diverse gîtes. Ook kun je hier terecht bij hotels, campings en chambres d'hôtes. Kijk op de websites van de toeristenbureaus voor de adressen.

Watervallen

Ook watervallen vormen een mooie wandelbestemming. Zo vind je aan de westkant van het park de **Cascade de la Pisse**. Vanaf **Le Désert-en-Valjouffry**, het laatste dorp in de Vallée de la Bonne, is het zo'n drie uur wandelen heen en terug langs de rivier de Bonne. Tegenover deze waterval bevindt zich de Pic des Souffles (3098 m). Verwarrend: ten noorden van Embrun vind je een waterval met dezelfde naam, dus pas goed op bij het plannen van de route. De **Cascades de Dormillouse** liggen aan het einde van de D238, ten westen van **Freissenières** in het keteldal van Dormillouse. Vanaf de parkeerplaats kun je er via verschillende routes naartoe wandelen.

Bergmeren

Aan de oostkant van het nationale park wachten twee hooggelegen meren op verkenning. Het **Lac Lauvitel** is het grootste, diepste en meest bezochte meer van Les Écrins. Bovendien is dit dé plek om alpenmarmotten te zien. Je komt er na een pittige wandeling van circa drie uur (heen en terug) vanuit het gehucht **La Danchère**, bereikbaar vanaf de D530. Vanuit het dorp **L'Alleau** is het een klim van rond de drieënhalf uur naar het **Lac de la Muzelle**, een gletsjermeer met daaraan een berghut met dezelfde naam.

INFORMATIE

Maison du Parc du Briançonnais:
Place Médecin-Général Blanchard,
Briançon, tel. 04 92 21 42 15, www.
ecrins-parcnational.fr.
Maison du Parc de la Vallouise:
Vallouise Pelvoux, tel. 04 92 23 58 08,
www.ecrins-parcnational.fr.

OVERNACHTEN

Hôtel-restaurant Les Vallois 1: Rière
Pont, Vallouise, tel. 04 92 23 33 10,
www.lesvallois.com. Tweesterrenhotel
in het centrum van Vallouise. Met café,
restaurant, zwembad, 2 pk vanaf € 69.
Gîte Hôtel La Blanche 2: Le Sarret,
Pelvoux, tel. 04 92 23 44 62, www.
gite-lablanche.fr. Traditionele gerechten,
2 pk vanaf € 84.

Aufil de l'Onde 3: Les Ribes, Valloui-
se-Pelvoux, tel. 04 92 20 03 65, www.
aufildelonde.fr. Vier kamers, biologische
gerechten, 2 pk vanaf € 80.

SPORT EN ACTIVITEITEN

Parc Écrin is een paradijs voor **wandelaars** met meer dan 700 km aan
gemarkeerde routes, waaronder de
GR54. Voor andere **bergactiviteiten**
als rotsklimmen, alpinisme, canyoning of
via ferrata meld je je bij het Bureau des
guides des Écrins in Vallouise (Immeuble
Orchidée, Vallouise, tel. 04 92 23 32 29,
www.guides-ecrins.com). **Kajakken** en
raften kan onder meer bij Ecrins Eaux
Vives in Saint-Clément-sur-Durance
(Base de loisirs, tel. 04 92 54 47 48,
www.ecrinseauxvives.com).

Uitneembare kaart: D/F 8/11

12

Witte en zwarte gletsjer – **de vallei van Vallouise**

Op zoek naar een mooie wandeling? De vallei van Vallouise, gelegen ten westen van Briançon, biedt een indrukwekkend wandeldecor van gletsjers en met sneeuw bedekte toppen. Aan het einde van deze vallei starten routes naar de witte en de zwarte gletsjer.

Tussenstop in Vallouise

De route naar de startplaats van de wandeling begint bij het dorp **L'Argentière-la-Besée**, dat eenvoudig vanuit Briançon te bereiken is. Hiervandaan volg je de D994E richting **Vallouise**. Dit slechts 758 inwoners tellende dorp is absoluut een tussenstop waard. Blikvanger is de ijskoude, snelstromende rivier, afkomstig van de gletsjers op enkele kilometers afstand. Op de oevers staan karakteristieke oude stenen boerderijen, die vaak drie verdiepingen tellen en gedecoreerd zijn met oude gereedschappen en zonnewijzers. Kleurrijke bloemen op de houten balkons maken het plaatje compleet. Op de begane grond huisde vroeger het vee, op de eerste verdieping waren de woonvertrekken van de familie en de bovenverdieping diende als graanschuur. De houten deur van de kerk van Saint-Étienne uit de 15e-16e eeuw is mooi bewerkt en het plafond boven het altaar is op bijzondere wijze beschilderd.

Zwarte bladzijde

In de 12e eeuw verzette Pierre Valdo, een handelaar uit Lyon, zich tegen de rijkdom en corruptie van de geestelijkheid en gaf zijn bezittingen aan de armen. De katholieke kerk bestempelde zijn aanhangers, die de Valdois werden genoemd, al gauw als een ketterse sekte. Om aan vervolging te ontkomen, verborgen zij zich in de afgelegen valleien rond Vallouise en Argentières. In de 15e eeuw belandden veel Valdois op de brandstapel, maar het duurde tot in de 18e eeuw

Verrassingen genoeg onderweg naar de witte gletsjer: een alpenmarmot waakt over zijn territorium.

Grillige, kale rotstoppen vormen de achtergrond voor deze wandelroute – zoals de Barre des Écrins, met 4101 m de tweede top van Frankrijk.

Hoe komt de startplaats van deze route aan zo'n opvallende naam? Volgens een legende was Madame Carle de vrouw van een rijke edelman uit de vallei. Hij zou in woede zijn uitgebarsten toen hij terugkwam van een reis en ontdekte dat zijn vrouw hem ontrouw was geweest. Hij nam wraak door haar paard geen water te geven. Toen zij een van haar geliefde rijtochtjes door de vallei ging maken, sprong het dier, uitgedroogd, in de ijskoude, snelstromende rivier. Madame Carle zag geen kans zichzelf te redden en verdronk.

voordat met dit 'probleem' definitief werd afgerekend: achtduizend soldaten slachtten toen alle bewoners en zelfs de dieren van de vallei af.

Schitterende vallei

Volg vanaf Vallouise de weg verder door het dal tot aan het kale en rotsachtige landschap van **Pré de Madame Carle** (1874 m). De weg is erg spectaculair en afwisselend – het is dan ook zeker een optie om dit deel te voet of met de fiets af te leggen. Voorbij het dorp **Ailefroide** houdt de bebouwing op. De smalle weg kronkelt verder omhoog langs indrukwekkende, grijze rotswanden met af en toe een pluk sneeuw. Er groeien dennen en allerlei bijzondere planten en bloemen. In de verte wordt de witte gletsjer steeds beter zichtbaar. Aan het einde van de weg wachten een parkeerplaats en een restaurantje met een terras. De hoge berg vlakbij is de **Barre des Écrins** (4101 m), na de Mont Blanc de hoogste top van Frankrijk.

Glacier Blanc of Glacier Noir

Vanaf Pré de Madame Carle kun je alleen te voet verder. Het geluid van klaterende watervallen zal je daarbij begeleiden. Bordjes wijzen de weg: eerst over een bruggetje, dan slingerend tussen de rotsen steeds verder omhoog. Bij een splitsing kun je kiezen voor de route naar de witte of de zwarte gletsjer. Ooit waren beide gletsjers met elkaar verbonden, maar geleidelijk komen ze steeds verder van elkaar te liggen. Het pad rechts leidt naar de witte gletsjer. Via een bruggetje over de gletsjerbeek en enkele ijzeren treden bereik je uiteindelijk de voormalige Refuge Tuckett (2438 m), tegenwoordig een klein bergmuseum. Vanaf hier kijk je uit over de gletsjer en de noordkant van de Mont Pelvoux (3946 m). Het is dan nog circa tien minuten verder naar de Refuge du Glacier Blanc (2250 m). Kies je voor de wandeling naar de zwarte gletsjer – zo genoemd vanwege de stenen en het gruis op de ijsvlakte –, dan volg je op de splitsing het pad naar links.

ROUTE EN INFORMATIE

De wandeling start op de parkeerplaats bij de Pré de Madame Carle. De route naar de Glacier Blanc is circa 4 uur heen en terug; naar de Glacier Noir is het een uur korter. De wandeling is van gemiddeld niveau. De route is populair in juli en augustus; vertrek dan vroeg om drukte en hitte te vermijden. Het (vroege) voor- of najaar is de beste periode.
Informatie: www.ecrins-parcnational.fr.

OVERNACHTEN

Bij de witte gletsjer ligt de **Refuge du Glacier Blanc** ❶ (tel. 04 92 23 50 24, 09 82 12 73 91, www.refugeduglacier blanc.ffcam.fr, half mrt.-half sept., € 23 per persoon). Reserveren is aan te raden, zeker in het hoogseizoen. Dat kan online en telefonisch. Halverwege de route ligt de **Refuge Pré de Madame Carle** ❷ (tel. 09 74 76 15 38, 06 71 06 30 07, www.refuge-predemadamecarle. com, begin mei-half okt., € 22 per persoon). Ook in Vallouise zijn restaurants en overnachtingsadressen.

Uitneembare kaart: E/F 9 | Wandeling vanaf Pré de Madame Carle, ca. 3-4 uur

Een rondje om een stuwmeer – **Lac de Serre-Ponçon**

 # 13

Een enorm stuwmeer bij het stadje Embrun is uitgegroeid tot een toeristentrekker van formaat. Kabbelend water in zeegroene tinten, hoog oprijzende bergtoppen en volop faciliteiten nodigen uit tot een dagje relaxen, watersporten of wandelen. Voor een volledig rondje om het meer ben je zo'n 100 km onderweg.

Stuwmeer

Het grootste meer van de Franse Alpen – 20 km lang en 3 km breed – ligt aan de zuidgrens van de Hautes-Alpes, op de plek waar de rivieren Durance en Ubaye samenkomen. Tussen 1955 en 1961 werd in de Durance een stuwdam aangelegd om elektriciteit te winnen en om de irrigatie en watervoorziening te garanderen. Het dal stroomde vol water, waarna toeristen al snel de mogelijkheden van het nieuwe stuwmeer ontdekten.

Embrun

Bij **Embrun** mondt de Durance uit in het stuwmeer. Het stadje (6200 inw.) ligt op een rotsplateau en pronkt met leuke smalle straatjes, kleurige huizen en mooie pleinen met fonteinen. De in de 12e en 13e eeuw gebouwde **Cathédrale Notre-Dame-du-Réal** is opvallend groot en was ooit een belangrijke bedevaartskerk. Let buiten op het portaal met roze marmeren pilaren die ondersteund worden door leeuwen. Binnen zie je een 9e-eeuws Karolingisch doopvont, een romaans koor, een prachtige mozaïekvloer en een rijke kerkschat. Vanaf de achterkant van de kathedraal wandel je zo naar het **Belvédère du Roc**, een platform dat uitkijkt over de vallei van de Durance en het Queyrasgebergte. Iets verderop staat de 12e-eeuwse **Tour Brune**, een vierkante toren die diende als bescherming voor de bisschoppen van Embrun. Nu vind je hier een klein museum met een informatiecentrum over het Parc National des Écrins.

Bij de aanleg van het stuwmeer verdwenen verschillende dorpen onder water. Ook de Chapelle Saint-Michel uit de 10e eeuw werd bedreigd, maar bleek net hoog genoeg te liggen. Nu bekroont de kapel een eenzaam eilandje langs de noordoever.

Een mooie stopplaats direct ten noorden van de dam: uitzichtpunt, snackbar en Muséoscope du Lac.

Langs de zuidoever

Volg de N94 langs de zuidoever van het meer en je komt in **Savines-le-Lac** (1120 inw.), waar een 750 m lange brug het meer in tweeën snijdt. In de zomer is dit dé plek om te zwemmen of te watersporten. Markant is de moderne Église Saint-Florent, met al even moderne glas-in-loodramen. De kerk werd gebouwd nadat het stuwmeer de oude kerk had overspoeld.

Volgende stopplaats is het minidorp **Le Sauze-du-Lac** (145 inw.), waar je vanaf een uitkijkpunt prachtig zicht hebt op de stuwdam en de steile wanden van het meer. De D954 gaat vanaf dit dorp zuidwaarts richting het **Parc animalier Serre-Ponçon** 1, een klein dierenpark met marmotten, roofvogels en andere alpendieren.

Langs de noordoever

De weg slingert verder tot de plek waar de rivier de Ubaye in het meer uitmondt. Hiervandaan brengen de D900 en D900B je naar **Espinasses** (730 inw.), gelegen achter de stuwdam. Voor een extra uitstapje ga je vanuit dit dorp links en dan verderop rechtsaf om via Théus naar de top van de **Mont Colombis** (1733 m) te rijden. Vanaf de parkeerplaats is het uitzicht over het meer en de valleien van de Durance en de Avance magnifiek. Dit is ook een prachtplek om te wandelen.

De route gaat vanaf Espinasses rechtsaf via de D3 langs de stuwdam en de noordoever van het meer – let hier op de grillige rotsformaties langs de weg. Bij een hoog uitzichtpunt boven de dam ligt het **Muséoscope du Lac 2**. Hier kom je meer te weten over het ontstaan van het stuwmeer en de dorpen die door het water zijn opgeslokt. Volg voor de terugweg de D3 richting **Chorges**. Pak hier de N94 en ga via de brug en Savines-le-Lac terug naar Embrun.

INFO EN OPENINGSTIJDEN

Office de tourisme de Serre-Poncon: Place de Général Dosse, Embrun, tel. 04 92 43 72 72, www.serreponcon-tourisme.com.

Parc animalier Serre-Ponçon 1: Domaine des Grisons, Le Sauze-du-Lac, tel. 07 61 26 32 00, www.parcanimalierdeserreponcon.com, apr.-sept. dag. 10.30-18.30, okt. rond Allerheiligen dag. 10.30-17.30 uur.

Muséoscope du Lac 2: Belvédère du barrage de Serre-Ponçon, Rousset, tel. 04 92 54 50 00, http://museoscope-du-lac.com, zie website voor openingstijden.

SPORT EN ACTIVITEITEN

La Carline in Savines-le-Lac (www. la-carline.com) verzorgt **rondvaarten**. Voor **raften** en **canyoning** ga je naar de rivieren rond het meer, bijvoorbeeld via Rêves de Rivières (www.reves-rafting.fr) in La Clapière-Embrun. **Wandelen** kan vanuit Embrun naar de Mont Guillame (2552 m) of de Pic du Morgon (2327 m). Verhuur van **mountainbikes** vind je bij École VTT Horizons Tout Terrain (www. horizons-tout-terrain.com) in Les Orres ten zuiden van Embrun. Hier kun je in de winter **skiën**. Voor **parapenten** ga je naar Jennif'Air (www.jennifair.com) in Embrun.

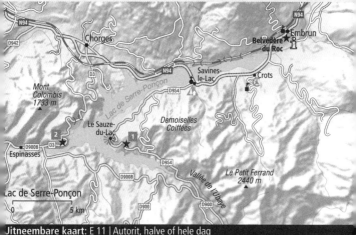

Jitneembare kaart: E 11 | Autorit, halve of hele dag

97

Een legendarische bergpas – **Col du Galibier**

Het is een van de beruchtste beklimmingen van de Tour de France: een smal bergweggetje dat omhoog slingert naar het maanlandschap van de Col du Galibier (2646 m). Zelfs met de auto is de klim een behoorlijke beproeving. De beloning blijft hetzelfde: een prachtig uitzicht over de ruige toppen in de omgeving. Maar ook rond de col is van alles te ontdekken. ▼

De Col du Galibier ligt op de grens van de Savoie (in het noorden) en de Hautes-Alpes (in het zuiden). Vanaf beide kanten is de bergpas te bereiken. Sportieve fietsers kiezen meestal voor de route vanuit het noorden, met Saint-Michel-de-Maurienne als startplaats. Hiervandaan is de beklimming bijna 35 km lang, waarbij de eerste 12 km bekendstaat als de Col du Télégraph. Toch een beetje zwaar? Met de auto kan het ook ...

De route vanuit het zuiden

La Grave (490 inw., 1520 m) is een goede startplaats voor een verkenning uit het zuiden. Maar maak ook tijd vrij voor het dorp zelf. Zo gaat er een kabelbaan, de **Téléphériques des Glaciers de la Meije** 1, naar de berg La Meije (3983 m). Vanaf het tussenstation op de **Peyrou d'Amont** (2416 m) kun je een wandeling maken naar het **Lac de Puy-Vacher**, een prachtig gletsjermeer. Eindstation van de kabelbaan is de **Col des Ruillans** (3211 m), met daarbij een restaurant en een ijsgrot.

Dat de bergen ook gevaarlijk kunnen zijn, bewijst het kerkhof van de **Église de l'Assomption** in La Grave: hier liggen verschillende verongelukte klimmers begraven. Vanbinnen ademt de kerk een bijna middeleeuwse sfeer.

Naar de top

Volg vanuit La Grave de D1091 langs Villar d'Arène naar de **Col du Lautaret** (2058 m), waar de echte klim start. Grote parkeerplaatsen, bars

De aanleg van een weg over de bergpas startte in 1880. In 1891 werd vlak onder het hoogste punt een smalle tunnel geopend. Na een langdurige renovatie is deze tunnel sinds 2002 weer toegankelijk – behalve voor fietsers, die de weg buitenom moeten nemen. Diezelfde fietsers maakten de col wereldberoemd: in 1911 ging de Tour de France voor het eerst over de Galibier. Daarna zouden vele – vaak heroïsche – beklimmingen volgen.

en restaurants markeren het begin van de route. Hier vlakbij ligt bovendien de in 1919 aangelegde **Jardin botanique alpin du Lautaret** 2, waar op een hoogte van 2100 m in de zomer meer dan tweeduizend alpiene bloemen en planten groeien.

De weg naar boven is smal en uitdagend. Over 8 km schommelt het stijgingspercentage tussen 9 en 12%. Sappig grasland (in de zomer) maakt geleidelijk plaats voor kale rotsen en steile hellingen, soms met sneeuwresten. Boven wachten een monument voor Henri Desgranges, de eerste directeur van de Tour de France, en een zeer welkome bar. Via de tunnel of de nog verder klimmende weg kun je vervolgens aan de andere kant weer afdalen. Of je neemt dezelfde route terug.

Haarspeldbochten, kale bergtoppen en tot aan het begin van de zomer sneeuwresten: de beklimming van de Col du Galibier levert prachtige panorama's op.

INFO EN OPENINGSTIJDEN

Office de Tourisme de La Grave-La Meije: aan de D1091 in La Grave, tel. 04 76 79 90 05, www.lagrave-la-meije.com.
Téléphériques des Glaciers de la Meije 1: www.la-grave.com, gehele jaar, maar soms is een deel van de kabelbaan gesloten voor onderhoud, check de website.
Jardin botanique alpin du Lautaret 2: eerste weekend van juni-eerste weekend van sept., dag. 10-18 uur.

Uitneembare kaart: E 8 | Auto- of fietstocht, halve of hele dag

Genève

Het kosmopolitische Genève is Zwitsers, maar wordt bijna helemaal ingesloten door Frans grondgebied. Ook het Meer van Genève – Lac Léman in het Frans – is verspreid over beide landen: de noordoever is Zwitsers, de zuidoever Frans. De stad bezoek je vanwege de vele winkels, musea, parken en flaneerboulevards. Het immense meer zorgt voor verkoeling op warme zomerdagen. Neem een duik vanaf een van de strandjes of stap op een nostalgische raderboot.

Genève 🗺 E 2

plattegrond blz. 104-105

Genève ligt in Zwitserland, maar dan alleen omdat de Franse grens hier een grote slinger maakt. De voertaal is ook gewoon Frans. Grootste trekpleister is zonder twijfel het Meer van Genève, ter plekke beter bekend als het Lac Léman of Lac de Genève, maar ook de stad zelf is zeker een dagtocht waard.

Kleine metropool

Ondanks de 'slechts' 200.000 inwoners heeft Genève de uitstraling van een kosmopolitische stad. Eén op de drie inwoners is dan ook van buitenlandse afkomst is en de stad huivest maar liefst 250 internationale organisaties, waaronder de Europese zetel van de Verenigde Naties, de Wereld Gezondheidsorganisatie en het Rode Kruis. Hét symbool van deze kleine metropool is de **Jet d'Eau** `1`, een fontein in het meer die per seconde 500 liter water 140 meter de lucht in spuit. Je kunt er via een smalle kade naartoe lopen, maar let op: als de wind verkeerd staat, ben je zo drijfnat. Aan de oostkant van de fontein ligt het stadshart, dat door de rivier de Rhône in tweeën wordt verdeeld. Bruggen of *mouettes* – een soort grote watertaxi's – verbinden beide oevers met elkaar. Aan de noordkant vind je het station, de grote instellingen en de bruisende, kleurrijke wijk **Les Pâquis**. Aan de zuidkant kun je heerlijk ronddwalen door het sfeervolle oude centrum. Mooi startpunt voor een verkenning is hier de Place du Bourg-de-Four, een eeuwenoud pleintje met een fontein en aangename terrasjes.

....

MUSEA

....

Bekende oude meesters
Musée d'Art et d'Histoire (MAH) `2`
Het belangrijkste museum van de stad bezit een indrukwekkende collectie schilderijen, beelden, zilverwerk, wapens en meubels. Er zijn werken van Rembrandt en andere Hollandse en Vlaamse meesters, maar ook Rodin, Cézanne, Renoir en de 18e-eeuwse schilder Liotard uit Genève zijn aanwezig. De archeologische afdeling toont onder meer voorwerpen uit het Oude Egypte, Griekenland en Rome.
Rue Charles-Galland 2, www.ville-geneve.ch/mah, di.-zo. 11-18 uur, vaste collectie gratis

Hedendaagse kunst
Musée d'Art Moderne et Contemporaine (MAMCO) `3`
Een oud fabriekcomplex vormt een toepasselijk decor voor het tonen van moderne kunst in de vorm van schilderijen, foto's, videokunst, installaties en sculpturen. De collectie wijzigt drie keer per jaar, dus het blijft een verrassing wat je te zien krijgt.
Rue des Vieux-Grenadiers 10, www.mamco.ch, di.-vr. 12-18, za.-zo. 11-18 uur, CHF 15

Oosterse kunst
Fondation Baur, Musée des Arts d'Extrême-Orient `4`
Geïnteresseerd in Japanse en Chinese kunst en cultuur? Dan is dit museum een must! Te zien zijn onder meer keramiek, grafiek, glaswerk en gebruiksvoorwerpen van de 17e tot en met de 20e eeuw.
Rue Munier-Romilly 8, di.-zo. 14-18, wo. tot 20 uur, www.fondation-baur.ch, CHF 10

Rode Kruis
Musée International de la Croix-Rouge et du Croissant-Rouget `5`
Dit museum is gewijd aan de geschiedenis van het Rode Kruis en de Rode Halve Maan, de islamitische afdeling. Met films, foto's en documenten wordt een kijkje gegeven in het werk dat deze in 1864 in Genève opgerichte humanitaire organisatie overal in de wereld verricht.
Avenue de la Paix 17, www.redcrossmuseum.ch, apr.-okt. di.-zo. 10-18 uur, nov.-mrt. di.-zo. 10-17 uur, CHF 15

Keramiek en glas
Musée Ariana `6`
In een statig neoklassiek gebouw uit de 19e eeuw maak je kennis met circa

20.000 keramiek- en glasobjecten die in de loop van 1200 jaar zijn gemaakt. Uit dit enorme aanbod worden wisselende exposities samengesteld.

Avenue de la Paix 10, www.ville-ge.ch/ariana, di.-zo. 10-18 uur, CHF 10

BEZIENSWAARDIGHEDEN

Verenigde Naties
Palais des Nations 7

Het Europese hoofdkwartier van de Verenigde Naties is tussen 1929 en 1936 gebouwd. Eerst zetelde hier de Volkenbond, de voorloper van de VN, die na de Eerste Wereldoorlog in Genève werd opgericht om een volgende wereldoorlog te voorkomen. Die kwam er helaas toch, waarna in 1945 in New York de Verenigde Naties werd opgericht. Een deel van het gebouw kun je tijdens een rondleiding bezoeken. Rond het paleis ligt een fraai park.

Avenue de la Paix 14, tel. 022 917 48 96, www.unog.ch, sept.-mrt. ma.-vr. 10.30-12, 14.30-16 uur, apr.-juni ma.-za. 10.30-12, 14.30-16 uur, juli-aug. ma.-za. 10-16 uur, CHF 12

Oudste huis van Genève
Maison Tavel 8

Dit grijze huis, in de 12e eeuw door de familie Tavel gebouwd, is het oudste nog bestaande huis van Genève. In de 17e eeuw is het deels herbouwd. De kamers zijn ingericht zoals in de 17e eeuw. Exposities geven een beeld van de ontwikkeling van de stad.

Rue de Puits-St-Pierre 6, http://institutions.ville-geneve.ch/fr/mah/lieux-dexposition/maison-tavel, di.-zo. 11-18 uur, vaste collectie gratis

Mengelmoes aan stijlen
Cathédrale Saint-Pierre 9

In het hart van het oude centrum verrast de kathedraal met een mix van bouwstijlen: een 18e-eeuwse gevel die aan de klassieke oudheid doet denken, daarachter een gotisch schip en romaanse torens die horen bij de eerste kerk die vanaf de 12e eeuw werd gebouwd. Calvijn preekte hiertussen 1536 en 1564 – zijn stoel staat in de

'Guillaume le Taciturne' staat er onder dit beeld op de Mur de la Réformation. Wij kennen hem beter als Willem de Zwijger of Willem van Oranje, die een belangrijke rol speelde bij de kerkvernieuwing in de 16e eeuw.

noordelijke zijbeuk. Vanaf de noordelijke toren heb je een magnifiek uitzicht op de stad en het meer.

Place du Bourg-de-Four 24, www.saintpierre-geneve.ch

Parken

Genève telt vele grote en kleine parken. Een heerlijke plek is het **Parc des Bastions** 10, dat in de 18e eeuw net buiten de stadswallen werd aangelegd. Vanaf de Place Neuve wandel je door een groene oase met schaduwbrengende bomen, levensgrote schaakstukken en een aantrekkelijk paviljoen. Niet te missen aan de oostkant van het park is de **Mur de la Réformation** 11, een 100 m lange muur uit 1917 met gigantische beelden van de vier belangrijkste leiders uit de reformatie, de 16e-eeuwse vernieuwing van de kerk. Loop je de muur verder af, dan ontdek je verrassend genoeg ook een reliëf van Willem van Oranje (1533-1584).

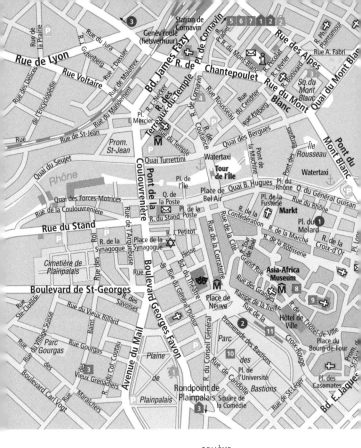

GENÈVE

Bezienswaardig
1 Jet d'Eau
2 Musée d'Art et d'Histoire (MAH)
3 Musée d'Art Moderne et Contemporaine (MAMCO)
4 Fondation Baur, Musée des Arts d'Extrême-Orient
5 Musée International de la Croix-Rouge et du Croissant-Rouget
6 Musée Ariana
7 Palais des Nations
8 Maison Tavel
9 Cathédrale Saint-Pierre

10 Parc des Bastions
11 Mur de la Réformation
12 Jardin Anglais
13 Musée d'Histoire des Sciences

Overnachten
1 Hôtel Kipling Manotel
2 Hôtel Comédie
3 City Hostel Geneva

Eten en drinken
1 Café du Centre
2 Café Restaurant du Parc des Bastions
3 Café du Soleil

Winkelen
1 Markt
2 Chocolaterie Ste
3 Swiss Corner
4 Manor

Sport en activiteit
1 Salève
2 CGN (Compagn générale de nav tion)
3 Baby-Plage
4 Genève Plage
5 Bains des Pâqui

De **Jardin Anglais** – de naam zegt het al – is een Engelse lanschapstuin die in de 19e eeuw langs de oever van het meer is aangelegd. De grote klok van bloemen bij de ingang dateert van 1955 en is een eerbetoon aan de Zwitserse klokkenmakers. Midden in het park staat een café-restaurant.

....

ETEN, SHOPPEN, SLAPEN

....

🏠 Overnachten

Oosterse sferen
Hôtel Kipling Manotel 🔢

Rijke oosterse kleuren, gelegen in een rustige straat nabij het Meer van Genève in de trendy wijk Pâquis.

Rue de la Navigation 27, tel. 022 544 40 40, www.hotelkiplinggeneva.com, 2 pk incl. ontbijt vanaf CHF 134

Klein, maar gezellig
Hôtel Comédie 🔢

Driesterrenhotel even ten zuiden van de oude binnenstad, op twee minuten lopen van de beroemde vlooienmarkt. Schone kamers, informele sfeer.

Rue de Carouge 12, tel. 022 322 23 24, www.hotel-comedie.ch, 2 pk vanaf CHF 150

Betaalbaar
City Hostel Geneva 🔢

Hostel op tien minuten lopen van het station én van het oude centrum; vijftig kamers, van slaapzaal tot eenpersoons.

Rue Ferrier 2, tel. 022 901 15 00, www.cityhostel.ch, vanaf CHF 33

Eten en drinken

Groot terras in hartje stad
Café du Centre ❶
Al vanaf 1871 een populair adres in het oude stadshart, waar onder meer oesters, vis en seizoensproducten op tafel komen. Kies voor een plekje buiten of in de klassiek ingerichte eetzaal.
Place du Molard 5, tel. 022 311 85 86, www.cafeducentre.ch, hoofdgerecht vanaf CHF 25

Paviljoen in het groen
Café Restaurant du Parc des Bastions ❷
Voor een kopje koffie of een maaltijd kun je terecht in dit prachtige paviljoen in fin-de-sièclestijl, te vinden in het Parc des Bastions nabij de Place Neuve.
Promenade des Bastions 1, tel. 022 311 85 86, www.cafeducentre.ch, hoofdgerecht vanaf CHF 25

Kaasfondue
Café du Soleil ❸
Eenvoudig ogend, maar toch sfeervol restaurant dat gespecialiseerd is in kaasfondue. In de zomer is er buiten een groot terras geopend. Populair, dus reserveren is verstandig.
Place du Petit-Saconnex 6, tel. 022 733 34 17, www.cafedusoleil.ch, hoofdgerecht vanaf CHF 21,50

Winkelen

Chic shoppen
Genève is een stad waar de kapitaalkrachtige shopper de mooiste horloges, sieraden en mode kan aanschaffen. Maar ook voor de 'gewone' toerist is er genoeg te ontdekken in winkelstraten als de Rue de la Conféderation, Rue de Rive, Rue du Rhône en Rue du Mont Blanc. Rond het meer zitten bovendien volop souvenirkraampjes met typisch Zwitserse producten als zakmessen, chocolade en koekoeksklokken. De belangrijkste **markt** 🛈 vind je op de Plaine de Plainpalais: warenmarkt op dinsdag- en vrijdagochtend, vlooien-

markt op woensdag en zaterdag. **Chocolaterie Stettler** 🛈 (Avenue Blanc 49, Rue du Rhône 69 en Rue de Berne 10, www.chocolaterie-stettler.ch) is een bekende naam bij liefhebbers van kwaliteitschocolade. Souvenirjagers hebben bij **Swiss Corner** 🛈 (Rue des Alpes 7) een ruime keuze. **Manor** 🛈 (Rue Cornavin 6, www.manor.ch) is het grootste warenhuis in Genève.

Actief

Naar het meer en de Salève
Een bekend uitstapje gaat naar de berg **Salève** ❶ (1380 m) ten zuiden van de stad, op Frans grondgebied. Vanuit **Veyrier** gaat een kabelbaan naar boven. Een soms uitdagend wandelpad leidt vanaf het eindstation naar een observatorium op de top, met rondom prachtige uitzichten. Naast wandelaars zijn ook klimmers, paragliders en mountainbikers welkom op de berg.
Het **Meer van Genève** nodigt uit tot heerlijk relaxen of juist sportieve activiteiten in en rond het water (▶ blz. 107). **CGN (Compagnie générale de navigation)** ❷ verzorgt rondvaarten op nostalgische raderschepen. Zwemmen en zonnen kan gratis op het kleine **Baby-Plage** ❸. Voor het **Genève Plage** ❹ iets verderop en de **Bains des Pâquis** ❺ aan de noordkant van het meer moet je betalen.

INFO EN EVENEMENTEN

Tourist Information Center: Rue du Mont-Blanc 18, tel. 022 909 70 00, www.geneve.com.
Fêtes de Genève: eind juli-half aug., www.fetesdegeneve.ch. Grootste festival van de stad met openluchtconcerten, vuurwerk, straatartiesten en veel meer.
Lake Parade: begin-half juli, www.lakeparade.ch. Optocht van versierde wagens met dj's en technomuziek.
L'Escalade: rond 12 dec., www.escalade.ch. Historisch festival rond het beleg van de stad in 1602.

Zwemmen, wandelen, varen – **het Meer van Genève**

15

Een bezoek aan Genève is niet compleet zonder een kijkje bij het beroemde meer. Of maak er zelfs een hoofddoel van, want in alle seizoenen kun je er terecht voor tal van activiteiten: skiën en langlaufen in de winter, zwemmen, zeilen, windsurfen, waterskiën, wakeboarden, duiken en roeien in de zomer. Of toch maar een boottocht of een rustige wandeling langs de oevers?

Maximaal 14 km breed, 73 km lang en een omtrek van 167 km – het Meer van Genève is een van de grootste zoetwatermeren van Europa. Meer dan de helft van het meer ligt op Zwitsers grondgebied, de rest is Frans. Ook 70% van de zuidoever valt binnen Frankrijk (▶ blz. 35-41).

Nostalgische rondvaart

Een mooie plek voor een eerste kennismaking met het meer is de **Jet d'Eau** ▮ (▶ blz. 102), de gigantische fontein bij de zuidoever van het meer. Op loopafstand hiervan vind je vier verschillende aanlegplaatsen voor rondvaartboten en veerboten. Voor een nostalgische ervaring scheep je in op een historische raderstoomboot van **CGN (Compagnie générale de navigation)** ❷. Maar liefst acht van deze zorgvuldig onderhouden belle époque-schepen varen nu al 140 jaar

Wat wij het Meer van Genève noemen, staat in Frankrijk bekend als Lac Léman. Zo staat het ook op de meeste landkaarten. In Genève zelf spreken ze echter ook over Lac de Genève. En in het Duits is het dan weer Genfersee, verwijzend naar de Duitse naam voor Geneve: Genf.

Een van de troeven van Genève: talrijke parken langs de oevers van het meer waar je heerlijk kunt relaxen.

over het meer. Kies uit verschillende tijden en bestemmingen, en of je eerste- of tweedeklas wilt reizen.

Strand

Toch liever een duik nemen of lekker op een terrasje aan het strand hangen? **Baby-Plage** ❸ is het enige gratis toegankelijke strand van Genève. Je vindt het als je vanaf de grote fontein de Quai Gustav-Ador volgt het centrum uit. Wandel nog verder langs de kade en je komt bij **Genève Plage** ❹. Zwemmen kan hier zowel in het meer als in een 50 meterbad, maar er zijn ook sportveldjes en heerlijke terrassen. Langs een pier aan de noordoever ligt het trendy stadsstrand **Bains des Pâquis** ❺, met zwembassins die zijn uitgezet in het meer. Waarschuwing: ook in de zomer blijft het water fris!

Wandelen langs de noordoever

Vanaf de Pont du Mont Blanc, de brug het dichtst bij het meer, kun je een aangename flaneerwandeling maken over de Quai du Mont Blanc richting het noorden. Je kijkt dan uit op de bergen aan de Franse kant, zoals Le Môle (▶ blz. 32), Les Voirons en bij mooi weer zelfs de Mont Blanc. In het weekend is dit een geliefd flaneergebied en kan het druk worden. Onderweg passeer je het **Monument Brunswick** en even verder rechts een **beeld van Elisabeth van Oostenrijk**, oftewel 'Sisi'. De weg gaat dan over in de Quai Wilson, met links het **Palais Wilson**, waar de hoge commissaris voor mensenrechten van de VN kantoor houdt (gesloten voor bezoekers). Dan wachten drie prachtige met elkaar verbonden parken: **Parc Mon Repos**, **Parc la Perle du Lac** en **Parc Barton**. Er staan grote landhuizen en in het **Musée d'Histoire des Sciences** 🔟, gevestigd in de 19-eeuwse Villa Bartholoni, maak je kennis met wetenschap en techniek uit vroegere eeuwen.

De Zwitserse rivièra

Met de auto kun je verder de noordkant van het Meer van Genève verkennen, met badplaatsen die populair zijn bij de *rich and famous*. Het zachte klimaat zorgt voor subtropische vegetatie met

S
SISI

Je zou er zo voorbijlopen: een gestileerd beeld van de beroemde keizerin Sisi in een parkje langs het meer (de benaming Sissi met dubbel 's' is geïntroduceerd door de maker van de films). Elisabeth was niet gelukkig aan het keizerlijk hof in Wenen en reisde veel door Europa. Op 10 september 1898 liep ze met haar hofdame langs het Meer van Genève naar een lijnboot, toen de Italiaanse anarchist Luigi Lucheni een geslepen vijl in haar borst plantte. Eerst liep ze nog door, maar op de boot stortte ze in. Ze overleed op 60-jarige leeftijd. Saillant detail: Lucheni wilde eigenlijk de hertog van Orléans vermoorden, maar die bleek in Italië te zijn. Dus koos hij een ander hooggeplaatst slachtoffer – Sisi was op de verkeerde tijd op de verkeerde plaats.

hier en daar een palmboom. Mooie bestemmingen zijn de heuvelachtige, middeleeuwse stad Lausanne en de chique badplaats Montreux. Bij veel wijngaarden worden op zaterdagochtend gratis wijnproeverijen aangeboden: vraag bij een toeristenbureau om een brochure met adressen.

OPENINGSTIJDEN

Musée d'Histoire des Sciences 🔟:
Rue de Lausanne 128, http://instituti
ons.ville-geneve.ch, wo.-ma. 10-17 uur,
gratis.
CGN ②: www.cgn.ch.
Genève Plage ④: Quai de Cologny 5,
www.geneve-plage.ch, half mei-half
sept. dag., CHF 7.
Bains des Pâquis ⑤: Quai du Mont-
Blanc 30, www.bains-des-paquis.ch, in
het seizoen dag., zwembad CHF 2.

OVERIGE ACTIVITEITEN

Waterskiën of **wakeboarden**? Ga
dan naar Ski nautique club de La
Perle du Lac in het gelijknamige meer
op de noordoever (La Perle du Lac,

www.sncg.ch). Vanuit het Geneva Adventure Centre in het hart van de stad (Quai des Vernets 8, www.rafting. ch) worden allerlei activiteiten georganiseerd, van **raften** tot **kajakken**, **parapenten** en **suppen**. Ook kun je hier een kano of een kajak huren voor een rustige tocht over de Rhône of de Arve. Zeilboten voor een **zeiltocht** over het meer zijn te huur in bij Les Corsaires (Quai Gustave-Ador 33, www. lescorsaires.ch) in een jachthaven op de zuidoever. Ze hebben ook motorboten en waterfietsen. Het meer op kan ook vanaf de sfeervolle Jardin Anglais. Hier vertrekken watertaxi's *(mouettes)* naar de andere oever, je kunt motorboten en waterfietsen huren en er rijdt een minitreintje.

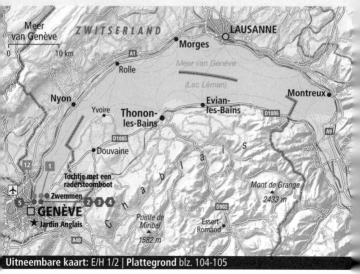

Reisinformatie

... met het vliegtuig
Er zijn verschillende vliegvelden in en bij de Franse Alpen: Lyon-Saint-Exupéry, Chambéry Savoie, Genève en Grenoble Isère. Ook de budgetmaatschappijen doen de Franse Alpen aan (in elk geval in de winter).

... met de trein
In het winterseizoen rijdt de Ski Thalys elke zaterdag van Amsterdam, Schiphol en Rotterdam naar verschillende plaatsen in de Franse Alpen (www. nsinternational.nl). Ook rijdt er een nachttrein, met Briançon als eindbestemming (www.noordwestexpress.nl). Bij de Thalys en de TGV is reserveren verplicht.

... met de bus
Verschillende Nederlandse reisorganisaties bieden busreizen naar de Franse wintersportplaatsen aan. Eurolines (nl. eurolines.eu) rijdt vanuit verschillende steden in Nederland en Brussel naar Chamonix, Grenoble, Chambéry en Lyon. Ook Flixbus (www.flixbus.nl) en Ouibus (www.ouibus.com), de busmaatschappij van de SNCF, rijden naar verschillende plaatsen in de Franse Alpen.

... met de auto
Van Amsterdam naar Chamonix via Frankfurt is circa 1000 km. Van Brussel naar Grenoble is het ruim 800 km. Als je de Franse tolwegen wilt vermijden, dan kun je door Duitsland gaan, maar ook hier wordt gewerkt aan een tolsysteem. Verplicht meenemen in de auto: gevarendriehoek, veiligheidshesje en alcoholtesten. Kijk voor meer handige informatie op www.anwb.nl/vakantie/frankrijk.
ANWB: de ANWB heeft een steunpunt in Lyon. Bij pech neem je contact op met de ANWB Alarmcentrale via tel. +31 70 314 14 14.

Toeristen uit Nederland en België hebben een geldig paspoort of een Europese identiteitskaart nodig. Binnen de EU-landen geldt in principe vrij verkeer van goederen. Je hoeft geen aangifte bij de douane te doen, als je je maar aan de maximale hoeveelheden houdt.
Honden hebben een Europees hondenpaspoort nodig en moeten gechipt zijn. Een hond moet bovendien zijn ingeënt tegen hondsdolheid. Pitbullachtigen mogen Frankrijk niet in. Informeer van tevoren of uw huisdier welkom is bij de accommodatie. Honden mogen in de meeste natuurparken niet naar binnen.

1 januari: Nieuwjaar (Jour de l'An)
Tweede Paasdag: (Lundi de Pâque)
1 mei: Dag van de Arbeid (Jour de Travail)
8 mei: einde Tweede Wereldoorlog (Armistice de 1945)
Hemelvaartsdag: (Ascension)
Tweede Pinksterdag: (Lundi de Pentecôte)
14 juli: nationale feestdag (bestorming van de Bastille)
15 augustus: Maria-Tenhemelopneming (Assomption)
1 november: Allerheiligen (Toussaint)
11 november: einde Eerste Wereldoorlog (Armistice de 1918)
25 december: Kerstmis (Noël)

Apotheken *(pharmacies)* zijn te herkennen aan een groen neonkruis; veel medicamenten zijn zonder recept verkrijgbaar. De apotheker geeft ook medisch advies.
Artsen moeten soms contant worden betaald. Vraag een factuur, want die wordt na thuiskomst terugbetaald door

de zorgverzekering. Geld voorschieten hoeft niet als je in het bezit bent van een Europese gezondheidskaart (EHIC). Die vraag je aan via je verzekering of www.ehic.nl.

INFORMATIE

Het Frans Bureau voor Toerisme Atout France
Nederland: http://nl.france.fr/nl
België: http://be.france.fr/nl

Regio's
Rhône-Alpes: Comité Régional du Tourisme Rhône-Alpes, 8, rue Paul Montrochet, 69002 Lyon, tel. +33 (0)4 26 73 31 59, fr.auvergnerhonealpes-tourisme.com.
Savoie en Haute-Savoie: tel. +33 (0)8 20 00 73 74, www.savoie-mont-blanc. com.
Hautes-Alpes: Comité Départemental du Tourisme des Hautes-Alpes, www. hautes-alpes.net.
Isère: Comité départemental du Tourisme, www.isere-tourisme.com.

KLIMAAT EN REISSEIZOEN

Het grootste deel van de Franse Alpen heeft een hooggebergteklimaat met regelmatig regen-, sneeuw- en onweersbuien. Het weer in de bergen kan plotseling omslaan, dus neem voldoende kleding mee. De zuidelijke Alpen hebben een milder en droger klimaat, evenals de laaggelegen gebieden in het westelijke deel ten noorden van Chambéry.
Het wintersportseizoen loopt van december tot en met april. Het zomerseizoen valt in juli en augustus. In het laagseizoen heb je, op zeer populaire bestemmingen als Chamonix en Annecy na, het gebied bijna voor je alleen. In de lente zijn er de kleurrijke bloemenvelden op de alpenweiden en in de herfst kleuren de bomen het landschap geel en rood. Het is vaak een ideale tijd om te wandelen, maar wees voorbereid op koeler weer en zelfs sneeuw.

```
NOODNUMMERS

Landelijk alarmnummer: tel. 112
Politie: tel. 17
Brandweer: tel. 18
Ambulance (SAMU): tel. 15
ANWB Alarmcentrale: tel. + 31
70 314 14 14
```

OVERNACHTEN

Op de websites van de Offices de Tourisme vind je **overzichten van accommodaties**, onderverdeeld naar categorieën, ligging en prijs.

Hotels
Hotels hebben een indeling van één tot vijf sterren. Het ontbijt *(petit déjeuner)* is vaak niet bij de prijs inbegrepen. Doorgaans geldt de vermelde prijs voor de kamer: een alleenreisende betaalt dus net zoveel als een stel.

Chambres d'hôtes en gîtes
De Franse variant van de bed & breakfast. In het beste geval is daar een *table d'hôte*s aan gekoppeld: de mogelijkheid om samen met andere gasten te genieten van traditionele gerechten. *Fermes-auberges* (boerenbedrijven waar je na reservering kunt eten) bieden meestal ook vakantiewoningen *(gîtes)* aan. Let op: vaak worden hier geen creditcards geaccepteerd en kun je alleen contant betalen. De chambres d'hôtes van de vereniging **Gîtes de France** (www. gites-de-france.com) worden door de staat gecontroleerd. Afhankelijk van de voorzieningen worden de gîtes geclassificeerd met één tot vier korenaren. Bij **Fleurs de Soleil** (www.fleursdesoleil.fr) zijn de vakantiewoningen vaak net wat chiquer.

Refuges (berghutten)
Verspreid door de Franse Alpen, vaak op grote hoogte, liggen refuges, eenvoudige berghutten voor wandelaars. Vaak zijn er maaltijden verkrijgbaar of kun je gebruikmaken van de keuken. De Club

Reisinformatie

Alpin Français (CAF) is eigenaar van de meeste berghutten in de Franse Alpen. De toeristenbureaus beschikken over brochures met adressen. De berghutten zijn meestal alleen van juni tot en met september geopend. In de zomer is het raadzaam tijdig te reserveren, want de hutten zijn erg populair. Zie www.gites-refuges.com.

....

REIZEN MET EEN BEPERKING

....

Accommodaties met het label 'Tourisme et Handicaps' hebben aangepaste voorzieningen. De website van het informatiebureau van de Rhône-Alpes (www.rhonealpes-tourisme.com) vermeldt bijna zeshonderd bezienswaardigheden en accommodaties die faciliteiten hebben voor reizigers met een beperking. De wintersportplaatsen in de Savoie en de Haute-Savoie bieden afzonderlijk op internet veel informatie over skivoorzieningen voor mindervaliden.

....

SPORT EN ACTIVITEITEN

....

Fietsen
Populair bij toerfietsers zijn de cols die beroemd zijn geworden door de Tour de France. Relatief vlakke fietstochten zijn mogelijk rond de meren en langs de rivieren. **Mountainbikes** (VTT: *vélo tout terrain*) worden op veel plaatsen verhuurd en mogen soms mee in kabel- en tandradbanen, met als beloning een spectaculaire afdaling. Zie Fédération Française de Cyclisme: www.ffc.fr.

Kajakken, raften, canyoning
Kajaks worden verhuurd bij een *base de loisirs*. Geschikte rivieren zijn Arve, Drac en Dranse. Zie Fédération Française de Canoë-Kayak: www.ffck.org. **Raften** kan op snelstromende rivieren als de Ubaye (bij Embrun), de Dranse (onder Thonon), de Durance en rond Chamonix. Zie www.an-rafting.com. Bij **canyoning** neemt een ervaren gids je mee door ravijnen, via steile rotswanden en door snelstromende bergbeken. Zie www.ffme.fr.

Parapenten
Parapente is de Franse benaming voor paragliding. Populaire startplekken liggen bij Chamonix en Val d'Isère. Het aanbod van cursussen en tandemvluchten (samen met een instructeur aan één scherm) is groot. Ook kinderen kunnen zo'n duosprong maken. Zie Fédération Française de Vol Libre: www.ffvl.fr.

(Rots)klimmen
Het Mont Blancgebied is het bekendst vanwege het mooie graniet. In de Vercors vind je lagere wanden, vooral kalkgesteente. Beginners kunnen terecht bij gebieden die worden aangeduid als *école de escalade* – ondanks de naam is dit geen klimschool, maar gaat het om eenvoudige, overzichtelijke rotswanden. Zie www.ffme.fr voor een overzicht van klimgebieden of informeer bij lokale berggidsen. Voor informatie over klimtochten: Koninklijke Nederlandse Klim- en Bergsport Vereniging (www.nkbv.nl); Klim- en Bergsportfederatie Vlaanderen (www.klimenbergsportfederatie.be).

Wandelen
Er zijn honderden bewegwijzerde wandelroutes uitgezet, die enkele uren tot meerdere dagen in beslag nemen. De mooiste routes bereik je vaak door eerst met een kabelbaan omhoog te gaan. Er wordt een onderscheid gemaakt tussen *balades* (eenvoudige, korte wandelingen) en *randonnées* (langere tochten). Voor de echt moeilijke tochten is een speciale uitrusting als pickel en touw noodzakelijk. Ga voor zulke uitdagende wandelingen bij voorkeur op pad met een gids. De gidsen van het Bureau des Guides zijn goed opgeleid en hebben een uitgebreide kennis over het gebied. De **Grandes Randonnées** (GR) zijn langeafstandspaden die door heel West-Europa lopen. Door de oostkant van de Franse Alpen loopt de GR5 (van Nederland naar Nice); de GR52 en de GR55 maken hier deel van uit. Deze twee vormen de zogenaamde Grande Traversée des Alpes. De GR9/91 loopt aan de westkant van de Alpen en de GR96 maakt een lus om het Meer van Annecy. De routes worden aangegeven

met een roodwitte markering voorzien van een nummer. Langs de route zijn vaak overnachtingsmogelijkheden (refuges of gîtes) te vinden. Zie Fédération Française de la Randonée Pédestre (FFRP): www. ffrandonnee.fr.

Watersport en zwemmen

Een boot huren, een rondvaart maken of waterskiën kan op de meren van Serre-Ponçon, Genève, Annecy en Bourget. Zeilen en surfen kan op de eerste twee meren. Zie www.serre-poncon.org en www.geneve-tourisme.ch. Zwemmers moeten opletten dat het water in de meren en zeker in bergbeken erg koud kan zijn. Het Lac du Bourget bij Aix-les-Bains bereikt in de zomer een temperatuur van 25 °C. Langs de grote meren van Serre-Ponçon, Genève, Aiguebelette, Annecy en Bourget zijn strandjes aangelegd.

Wintersport

In de Alpen vind je de grootste skigebieden van Frankrijk: Les Portes du Soleil (650 km aan pistes), Les Trois Vallées (ruim 600 km), Paradiski (425 km) en Evasion Mont Blanc (ruim 400 km). Hoe hoger de plaatsen liggen en hoe meer noordhellingen, hoe groter de kans op sneeuw. Bij Villard-de-Lans en Autrans, in de buurt van Grenoble, bevinden zich goede langlaufloipes (ski de fond), evenals in Châtel-Abondance en Morzine ten oosten van Albertville. In veel wintersportplaatsen bestaat de mogelijkheid om ook in de avond te skiën. Meer informatie bij de ANWB of zie www.ffme.fr, www.france-montagnes.com en www.pistehors.com. Zomerskiën is alleen 's ochtends mogelijk in de hooggelegen gebieden, zoals rond Tignes en Val d'Isère, de Grandes Rousses, bij Alpe-d'Huez en in Les Deux-Alpes.

VERKEERSREGELS

Binnen de bebouwde kom geldt een maximumsnelheid van 50 km per uur, buiten de bebouwde kom 80 km per uur, op autowegen 110 km per uur en op autosnelwegen 130 km per uur. Verkeer op rotondes heeft voorrang. Het bord 'Toutes directions' geeft de richting voor doorgaand verkeer aan. Overtredingen worden bestraft met zware boetes die ter plekke betaald moeten worden.

Maximaal alcoholpromillage: 0,5.

VERVOER

Auto

In de winter zijn veel wegen moeilijk begaanbaar door strenge vorst, sneeuwval en lawines. Op sommige wegen zijn sneeuwkettingen verplicht. Bepaalde routes (met name bergpassen) zijn bij te slecht weer afgesloten.

Autopech: op de snelweg of de tolweg (péage) bel je de politie via een praatpaal of via 112 met je mobiele telefoon. Daarna bel je de ANWB Alarmcentrale (+31 70 314 14 14). Buiten de snelweg bel je direct de Alarmcentrale.

Milieuzones: in Annecy, Chambéry en het departement Isère (Grenoble) kunnen bij aanhoudende luchtvervuiling tijdelijke milieuzones worden ingesteld. Auto's (soms alleen boven 3500 kg) zonder milieusticker mogen dan niet de weg op. Een milieusticker is verkrijgbaar via certificat-air.gouv.fr. Kijk voor alle informatie op www.anwb.nl (zoek op: Frankrijk + milieuzones).

Tol: op de snelwegen en in de Mont Blanc- en de Fréjustunnel wordt tol geheven. Informatie over toltarieven: www.autoroutes.fr.

Verkeersinformatie: radio FM 107,7.

Trein en bus

De TGV (hogesnelheidslijn) rijdt naar bijna alle grote steden in de Rhône-Alpes, zie www.voyages-sncf.com. De regionale verbindingen worden bediend door de spoorwegen van Transports Express Régionaux (TER), www.ter-sncf.com. Bussen rijden niet zo frequent in de afgelegen gebieden. Je kunt gratis brochures met vertrek- en aankomsttijden ophalen bij de stations. Shuttlebussen rijden in de winter en in de zomer.

Hoe zegt u?

goedemorgen / hallo

Au secours!

S'IL VOUS PLAÎT

Help!

alstublieft

dank u

I vo mé savé k'davé

salut

Il vaut mieux savoir qu'avoir
Het is beter om te weten dan om te hebben

hallo / hoi

Proost!

D/RE È FORE
SON PO FRORE

Ça va

Dire et faire ne sont pas frères
Zeggen en doen zijn geen broers

Het gaat (wel)

Combien ça coûte?

tot ziens

Hoeveel kost dat?

Register

Register

Paklijst

> DATUM

....

> AANTAL DAGEN

....

> HET WEER

WARM KOUD NAT

> BASISUITRUSTING

ANWB EXTRA
PASPOORT/ID-KAART
TICKETS & VISUM
RIJBEWIJS
BANKPASSEN
MEDICIJNEN
VERZEKERINGEN
HOTELADRES

C
CHECK

....
....
....
....
....

> TOILETARTIKELEN

....
....
....
....
....
....
....
....
....
....
....
....
....
....

> KLEDING

....
....
....
....
....
....
....
....
....
....
....
....

> DIVERSEN

....
....
....
....
....
....
....

> ELEKTRONICA

....
....
....
....
....

Mijn tripplanner

DAG 1

Blz ...... | MUST SEE ....
Blz ...... | ....
Blz ...... | ....
Blz ...... | ....
Blz ...... | ....
Blz ...... | ....
Blz ...... | ETEN EN DRINKEN ....
Blz ...... | ....

DAG 2

Blz ...... | MUST SEE ....
Blz ...... | ....
Blz ...... | ....
Blz ...... | ....
Blz ...... | ....
Blz ...... | ....
Blz ...... | ETEN EN DRINKEN ....
Blz ...... | ....

DAG 3

Blz ...... | MUST SEE ....
Blz ...... | ....
Blz ...... | ....
Blz ...... | ....
Blz ...... | ....
Blz ...... | ....
Blz ...... | ETEN EN DRINKEN ....
Blz ...... | ....

DAG 4

Blz ...... | MUST SEE ....
Blz ...... | ....
Blz ...... | ....
Blz ...... | ....
Blz ...... | ....
Blz ...... | ....
Blz ...... | ETEN EN DRINKEN ....
Blz ...... | ....

MUST SEE.. Blz ......

.... Blz ......

.... Blz ......

.... Blz ......

.... Blz ......

.... Blz ......

ETEN EN DRINKEN .... Blz ......

.... Blz ......

DAG 5

MUST SEE.. Blz ......

.... Blz ......

.... Blz ......

.... Blz ......

.... Blz ......

.... Blz ......

ETEN EN DRINKEN .... Blz ......

.... Blz ......

DAG 6

MUST SEE.. Blz ......

.... Blz ......

.... Blz ......

.... Blz ......

.... Blz ......

.... Blz ......

ETEN EN DRINKEN .... Blz ......

.... Blz ......

DAG 7

.... Blz ......

.... Blz ......

.... Blz ......

.... Blz ......

.... Blz ......

.... Blz ......

.... Blz ......

.... Blz ......

E EXTRA

Notities

....
....
....
....
....
....
....
... .
....
....
....
....
....
....
....
....
....

T
TIPS

....
....
....
....
....
....
....
....
....
....
....
....

Favoriete plekken – **review**

> OVERNACHTEN

ACCOMMODATIE ►
....

ADRES/BLADZIJDE
....

PRIJS
€   €€   €€€

NOTITIE
....
....

> ETEN EN DRINKEN
....

RESTAURANT ►
....

ADRES/BLADZIJDE
....

PRIJS
€   €€   €€€   CIJFER

VOORGERECHT
....

HOOFDGERECHT
....

NAGERECHT
....

NOTITIE
....
....

RESTAURANT ►
....

ADRES/BLADZIJDE
....

PRIJS
€   €€   €€€   CIJFER

VOORGERECHT
....

HOOFDGERECHT
....

NAGERECHT
....

NOTITIE
....
....

RESTAURANT ►
....

ADRES/BLADZIJDE
....

PRIJS
€   €€   €€€   CIJFER

VOORGERECHT
....

HOOFDGERECHT
....

NAGERECHT
....

NOTITIE
....
....
....

> WINKELEN

WINKEL ►
ADRES/BLADZIJDE
NOTITIE

WINKEL ►
ADRES/BLADZIJDE
NOTITIE

> UITGAAN

GELEGENHEID ►
ADRES/BLADZIJDE
NOTITIE

GELEGENHEID ►
ADRES/BLADZIJDE
NOTITIE

> EXTRA

EXTRA ►
ADRES/BLADZIJDE
NOTITIE

EXTRA ►
ADRES/BLADZIJDE
NOTITIE

EXTRA ►
ADRES/BLADZIJDE
NOTITIE

Fotoverantwoording

Hulp gevraagd!
De informatie in deze reisgids is aan verandering onderhevig. Het kan dus wel eens gebeuren dat je ter plaatse een andere situatie aantreft dan de auteur.
Is de tekst niet meer helemaal correct, laat ons dat dan even weten.

Ons adres is:
Uitgeverij ANWB
Redactie KBG
Postbus 93200
2509 BA Den Haag
anwbmedia@anwb.nl

Productie: Uitgeverij ANWB
Coördinatie: Els Andriesse
Tekst: Harry Bunk, Thessa Lageman, Corinne Koolstra
Eindredactie: Mariëlle van der Goen, Hilversum
Opmaak: Harry Bunk, Barendrecht
Opmaak notitiepagina's: Studio 026
Concept: DuMont Reiseverlag
Grafisch concept: Eggers+Diaper
Cartografie: DuMont Reisekartografie

© 2018 ANWB bv, Den Haag
Eerste druk
ISBN: 978-90-18-04414-5

Herinner je je deze nog?

Abbé Pierre

Henri Antoine Grouès (1912-2007) werd in 1942 priester in Grenoble. Onder het pseudoniem Abbé Pierre sloot hij zich aan bij het verzet. In 1949 stichtte hij de Emmaus-beweging die zich inzet voor goede doelen.

Jeannie Longo

Voormalig wielrenster uit Annecy die tot op hoge leeftijd prijzen pakte. Ze werd vooral bekend door de strijd met haar eeuwige rivale Leontien van Moorsel.

Jean-Jacques Rousseau

Deze filosoof, schrijver, pedagoog en componist (1712-1778) werd geboren in Genève. Daarna woonde hij onder meer in Annecy en Chambéry, waar zijn huis is opengesteld voor bezoekers.

Balmat en Paccard

Jacques Balmat, jager en kristallenzoeker, en Michel-Gabriel Paccard, arts en botanicus, bereikten in 1786 als eersten de top van de Mont Blanc. Daarna ruzieden ze over wie daadwerkelijk de eerste was geweest.

Vauban

Sébastien Le Prestre de Vauban (1633-1707) was een bekende vestingbouwer die in opdracht van koning Lodewijk XIV in de Franse Alpen verschillende forten en vestingsteden aanlegde.

Jean-Claude Killy

Legendarische alpineskiër die opgroeide in Val d'Isère en in de jaren 60 drievoudig olympisch kampioen en viervoudig wereldkampioen werd. Als eerbetoon werd het skigebied bij Val d'Isère naar hem genoemd: Espace Killy.

Bruno van Keulen

Deze Duitse heilige werd in de 11e eeuw bisschop van Grenoble. In 1086 trok hij zich terug in de Alpen en leefde daar als kluizenaar. Zo ontstond de orde van de kartuizers.

Benoît de Boigne

Benoît Leborgne (1751-1830), beter bekend als Benoît de Boigne, maakte als militair fortuin in India. Een deel daarvan spendeerde hij in zijn geboortestad Chambéry.

Stendhal

De in Grenoble geboren Marie-Henri Beyle (1783-1842) schreef onder het pseudoniem Stendhal een groot aantal essays en romans, waarvan enkele autobiografisch.